MICHAEL HIRSCH, geboren 1966 in Karlsruhe, ist Philosoph, Politologe und Kunsttheoretiker. Er lehrt Politische Theorie und Ideengeschichte an der Universität Siegen und lebt als freier Autor in München. Zuletzt erschien *Kulturarbeit. Progressive Desillusionierung und professionelle Amateure* (Textem 2022).
www.michael-hirsch-archiv.de

KILIAN JÖRG, geboren 1990 in Wien, arbeitet theoretisch, künstlerisch und aktivistisch zur ökologischen Katastrophe. Veröffentlichungen zu Clubkultur, Abstandhalten, dem politischen Backlash, dem Automobil und anderen Religionen des Toxischen.

MICHAEL HIRSCH/KILIAN JÖRG

DURCH LÖCHERT DEN STATUS QUO!

AUTONOME ZONEN, RADIKALE DEMOKRATIE UND ÖKOLOGIE

EDITION NAUTILUS

Edition Nautilus GmbH
Schützenstraße 49 a
D-22761 Hamburg
www.edition-nautilus.de
info@edition-nautilus.de

Originalveröffentlichung
Erstausgabe März 2025
Umschlaggestaltung: Maja Bechert
www.majabechert.de
Satz: Corinna Theis-Hammad
www.cth-buchdesign.de
Porträts auf S. 2: Michael Hirsch © Peter Arun Pfaff
Kilian Jörg © Sabrina Rosina
Bildnachweise:
Bild S. 22 oben © Les Soulèvements de la Terre
Bild S. 22 unten © Les Soulèvements de la Terre
Bild S. 23 © La déroute des routes
Bild S. 25 © Stéphane Tonnelat
Bild S. 91 © P.M.
Bild S. 96 © Thibaud Moritz / AFP

FSC www.fsc.org
MIX
Papier | Fördert gute Waldnutzung
FSC® C083411

Druck und Bindung:
CPI – Clausen & Bosse, Leck
1. Auflage
ISBN 978-3-96054-393-0

1 Die aktuelle Lähmung in der Politik

> »Das System bricht überall um uns herum zusammen in genau jenem Moment, in dem viele Personen die Fähigkeit verloren haben, sich das Funktionieren eines anderen Systems vorzustellen.«
>
> *(Graeber 2018a, 13)*

Der Satz »Es gibt keine Alternative« ist zur zentralen Legitimation des neoliberalen Kapitalismus geworden. Der frappierende Mangel an mehrheitsfähigen Vorstellungen anderer und besserer Weltenordnungen führt zu der paradoxen Situation, dass selbst hohe Würdenträger*innen wie der UN-Generalsekretär oder der Papst die katastrophale Lage der Welt eingestehen können, fast alle europäischen Nationen und Regierungen den »Klimanotstand« ausgerufen haben – und sich trotzdem rein gar nichts am kapitalistischen System ändert. Dessen Veränderungsfähigkeit angesichts der ökologischen Katastrophe scheint sich auf das Präfix »grün« zu beschränken, welches an fast jede Branche, Maschine und Institution einfach ohne wesentliche Änderung (und mit massiver staatlicher Förderung) angehängt wird. Green New Deal, grüne Verbrennermotoren, Green Economy, klimaneutrale Flughäfen, Klima-Autobahnen, recycelbare Plastikflaschen, Grüner Kapitalismus, und so weiter …

Dass diese kompromissbasierten Minimalreformen nicht genug sind, um die notwendig gewordene tiefgreifende Transformation zu bewerkstelligen, ist allerorts spürbar. Doch aufgrund einer vorherrschenden toten Zone der Vorstellungskraft (»Dead Zone of the Imagination«, Graeber 2015, 45ff.), durch die die Möglichkeiten lebbarer Alternativen verborgen bleiben, fühlt sich ein großer Teil der Gesellschaft an eine Maschine gefesselt, die in ewiger Beschleunigung gegen die Wand rast. Frustration, Ressentiment, Zynismus und Defätismus sind das Resultat – eine Affektlage, die unter herrschenden Bedingungen nur neofaschistischen Demagog*innen hilft. Sogar die ehemaligen Großparteien des Systems, die aktuell ihren Großparteien-status bei jeder Wahl deutlicher an die allerorts wachsenden Rechtsaußen-Parteien verlieren, spüren mittlerweile diese autoritäre Gefahr. Doch ihr Verständnis der Lage ist zu dumpf und konzeptlos, und so versuchen sie mit Slogans wie »das Schlimmste verhindern« und »die Errungenschaften der liberalen Demokratie verteidigen« zu mobilisieren. Alle politischen Kräfte des Establishments verbünden sich zunehmend gegen die wachsende Gefahr von rechts. Fast alle ihre bisherigen, ohnehin eher marginalen Unterschiede werden nivelliert in dieser panisch wirkenden Haltung der Bewahrung und Rettung des Bestehenden. Dass dies weder dem großen – und affektiv berechtigten! – Frustpotential des Status quo etwas entgegensetzen kann, noch in der Lage ist, gegen diese bedrohliche Lage mit glaubwürdigen Veränderungsangeboten zu mobilisieren, führt dazu, dass sich das etablierte System weiter verhärtet und alle utopischen und von Freude und Solidarität getragenen Veränderungsaffekte in kleine Nischen drängt.[1]

Egal wo man hinsieht: Dem herrschenden Gemeinsinn unserer Gegenwart mangelt es markant an utopischen Zielen, Sehnsuchtsorten und politischer Fantasie, die sich der

1 Faschismus muss in dieser geopolitischen Konfiguration gar nicht die Macht übernehmen. Es genügt schon, wenn die »faschistische Bedrohung« den notwendigen radikalen Wandel verhindert und paralysiert, ohne dass die Neofaschisten die Macht im Stil einer autoritären Diktatur übernehmen – so ist es für die herrschende kapitalstarke Klasse auch weniger risikoreich.

soziokulturellen und materiellen Wirklichkeit der planetaren Krise annehmen könnten. Der in Politik und Wirtschaft nach wie vor herrschende Techno-Optimismus verharrt in einer Utopie, die gänzlich den Boden unter den Füßen verloren hat – »large scale geo-engineering«, eine als allmächtige Generallösung angepriesene KI, die Elektrifizierung des herrschenden Mobilitätsparadigmas ohne fundamentalen Wandel seines Wesens, Smart Cities, etc. Kurz gesagt: ein Kapitalismus, der durch technische Innovation allein die Krise zu lösen vorgibt (und sie damit oftmals noch weiter verschärft, wie z. B. der Rebound-Effekt und neue Extraktivismen um Lithium und seltene Erden illustrieren). Im Notfall gibt es für die Profiteure dieses Wirtschaftssystems ja noch die im Silicon Valley boomende Fantasie des Exodus in den Bunker nach Neuseeland, oder gleich in die Kolonie der neureichen Überlebenden auf dem Mars.

Doch selbst im aktivistischen Widerstand gegen das herrschende Framing von Klimaschutz begegnet man oft einer Spielweise des Katastrophismus, die derselben toten Zone der Vorstellungskraft erliegt. Utopischen Sehnsuchtsorten einer besseren Welt begegnet man im aktuellen Ökoaktivismus weitaus seltener als einem oftmals auf Schocktaktiken zurückgreifenden Gemahnen der Schrecklichkeit der Lage. Mit alarmistischen Warnungen und spektakulären Aktionen versucht man, »die Masse aufzurütteln« und »die Politik endlich zum Handeln zu bringen«. Auch diese Haltung ist affektiv verständlich, politisch aber kaum zielführend – eine Einsicht, die sich mittlerweile selbst in aktivistischen Milieus durchsetzt, wie zum Beispiel die Auflösung der *Letzten Generation* in Österreich illustriert.[2]

2 Ein Ausschnitt aus dem Pressestatement der Gruppe: »Wir haben es versucht. Wir haben weitergemacht trotz Gewalt, Morddrohungen, Festnahmen und Haft, Hass oder Strafen in Höhe von zehntausenden Euros. Wir sehen keine Perspektive für

Unserer Einschätzung nach ist es kaum möglich, mit bloßen Alarmmeldungen die kritische Masse zu mobilisieren, die zum Erkämpfen einer besseren Welt notwendig ist. Die latente Gefahr eines Moralismus der Privilegierten, der sich solch eine alarmistische Taktik aussetzt, macht die Botschaft leicht abwehrbar und produziert eher – in einem »Kill the messenger«-Syndrom – Ressentiments und Hass gegen die sichtbarsten Vertreter*innen der Warnung. In solch einem toxischen Klima befeuert dies nur weiter die demagogischen, faschistischen und reaktionär-kapitalistischen Kräfte, die so ein weiteres, einfaches Feindbild bemühen können.

Die politische Filmemacher*in und Theoretiker*in Astra Taylor zeigt auf, dass Kapitalismus nicht nur auf der Vermehrung von Ungleichheit basiert, sondern ebenso auf der Vermehrung von Unsicherheit (Taylor 2023). Der Kapitalismus als eine Maschine der Überausbeutung von Mensch und Natur konnte demnach nur aufgrund einer »ursprünglichen Akkumulation« entstehen. Dieser von Marx eingeführte Begriff beschreibt, wie die Lebensrealitäten von subsistenzwirtschaftenden Bäuer*innen durch Enteignung und Vertreibung so prekär und unsicher gemacht wurden, dass sie zum Industrieproletariat umgeformt werden konnten. Erst als ihr Existenzdruck unerträglich geworden war, waren sie bereit, sich für ausbeuterische und menschenunwürdige Lohnarbeit in Fabriken herzugeben. Laut Taylor

---

Erfolg mehr. Die Regierung glänzte in den letzten zwei Jahren mit kompletter Inkompetenz. Menschen aus der Bevölkerung haben sich für die fossile Verdrängung entschieden. Wir sehen ein, dass Österreich weiter in fossiler Ignoranz bleiben will und damit in Kauf nimmt, für den Tod von Milliarden von Menschen mitverantwortlich zu sein. Die Gesellschaft hat versagt. Uns macht das unendlich traurig. Wir machen Platz, damit neues entstehen kann.«, via: mailchi.mp/letztegeneration/ende-der-proteste [4.2.2025]

lebt dieses Regime der kapitalistischen Steigerung von Unsicherheiten durch wachsenden Schuldendruck, Aushöhlung des Sozialstaats, Prekarisierung von Arbeitswelten und den digital bedingten Zustand der permanenten Überreizung bis heute selbst in der sogenannten »entwickelten Welt« fort. Wenn Unsicherheit also ein den Kapitalismus anfeuerndes Gefühl ist, sollte man der Taktik des öko-aktivistischen Alarmismus mit Vorsicht begegnen (Jörg 2022b). Sonst droht die herrschende Darstellung der Klimakrise im Mainstreamdiskurs zum feuchten Traum eines auf allgemeiner Unsicherheit aufbauenden Kapitalismus zu werden. Die Krise ist planetar und allgemein anerkannt, doch nirgendwo gibt es eine glaubhafte Alternative, die Sicherheit versprechen könnte. Was bleibt also sonst zu tun, als Geld für den Budget-Bunker auf einer höher gelegenen Insel anzusparen und trotz ökologischem Bewusstsein dem kaputtmachenden Karrierismus im herrschenden System weiter zu frönen, der einem zumindest jetzt noch ein »gutes Leben« ermöglicht – und auch den etwaigen Kindern noch am ehesten eine Chance auf Überleben in den kleiner werdenden privilegierten Zonen des Desasterkapitalismus sichert.

2 Mit konkreten Utopien den Status quo durchlöchern

Es ist unserer Einschätzung nach also an der Zeit, ökologische Politik radikaler in die eigene Hand zu nehmen und jenseits des Alarmismus an konkreten utopischen Entwürfen im Hier und Jetzt zu arbeiten. Wir setzen dabei voraus, dass es ein ausreichendes Bewusstsein der katastrophalen Lage in der Gesellschaft, aber zu wenig Möglichkeiten der

Erfahrung gibt, die dieses Bewusstsein zum Erstreiten besserer Alternativen lenken könnte. Nur wenn Menschen in Ansätzen erfahren können, wie man auch anders und besser leben kann, wird das angesammelte Bewusstsein zu einem Wandel führen anstatt zu einer weiteren Verhärtung des Bestehenden. Nur so, glauben wir, kann dem (berechtigten) Alarmismus auch ein (benötigter) radikaler Wandel folgen: Es braucht die Arbeit an der Plausibilisierung radikal anderer Lebensweisen, die mehr und mehr Menschen als freud- und hoffnungsvollere Alternativen zum katastrophischen Realismus erscheinen können. Es braucht den Einsatz für konkrete Utopien im Hier und Jetzt, die das imaginäre Begehren nach dem Exodus zur Marskolonie umleiten können zu einem utopischen Umstieg in lebbare Alternativen des ökologischen Commonings auf dieser Erde.

Tatsächlich gibt es unterm Radar der Mainstreammedien bereits unzählige historische und gegenwärtige Alternativen, die als Inspiration für solche utopischen Ideen in katastrophalen Zeiten dienen können.[3] Unser Buch fokussiert sich vor allem auf ein konkretes Beispiel der jüngeren Aktivismusgeschichte, um davon ausgehend folgende Frage zu stellen: Wie könnte man konkrete Utopien, die im Kleinen bereits realisiert sind, verallgemeinern und

3 Für schöne Überblicke über einige solcher Inspirationsquellen unter dem Motto »The solutions are already here!« siehe u. a.: Alexander Behr, *Globale Solidarität – Wie wir die imperiale Lebensweise überwinden und die sozial-ökologische Transformation umsetzen* (2022), adrienne maree brown, *Emergent Strategy: Shaping Change, Changing Worlds* (2017), Peter Gelderloos, *Tausend widerständige Territorien – Strategien für eine ökologische Revolution von unten* (2024), Vanessa Machado de Oliveira, *Hospicing Modernity – Facing Humanity's Wrongs and the Implications for Social Activism* (2021), Milo Probst, *Für einen Umweltschutz der 99%. Eine historische Spurensuche* (2021).

für eine Veränderung des bestehenden politischen und wirtschaftlichen Systems fruchtbar machen, anstatt diesem nur im Modus des Widerstands von außen zu begegnen? Als ersten Schritt werden wir das im deutschsprachigen Raum noch viel zu wenig bekannte Konzept der in Frankreich sehr präsenten ZAD – *Zone à défendre*, »zu verteidigende Zone« – vorstellen und diskutieren. Dieses Konzept hat es in den letzten zwei Jahrzehnten in Frankreich zu einem Status allgemeiner Bekanntheit gebracht, sodass es mittlerweile im französischen Wörterbuch *Larousse* zu finden ist[4] und in den allgemeinen Sprachgebrauch Eingang gefunden hat. »Ein Gespenst geht um in der politischen Klasse Frankreichs: die ZAD«, schreibt so ein*e unter dem Pseudonym Martin Luterre[5] publizierende*r Autor*in (2023, 173) in einem aktuellen Buch über die französische Formation *Les Soulèvements de la Terre* (»Die Aufstände der Erde«). Diese führt trotz gescheitertem Illegalisierungsversuch durch den Staat weiter intensive Massenaktionen gegen Autobahnen, Zementfabriken, Wasserprivatisierungen etc. durch und ruft dabei immer wieder neue ZADs aus. Der Begriff ZAD und dessen neugeschaffene Verbform *zadisier* (»zadisieren«) taucht allerorts in Frankreich auf – von den *Gelbwesten* über die großen Proteste um das Renten- und Gesundheitssystem bis ins Parlament, wo man der Links-

4 »ZAD oder Zad: (Meist ländlicher) Raum, besetzt von Militanten, die sich einem staatlichen Planungsprojekt entgegenstellen, das sie für unnötig, zu teuer und mit großen Nachteilen für die Umwelt sowie für die lokalen Bevölkerungen verbunden halten. (Dieser Gebrauch des Begriffs ist eine Zweckentfremdung der Abkürzung ZAD [*zone d'aménagement différé:* Zone aufgeschobener Planung]).«, larousse.fr/dictionnaires/francais/ZAD/188223. Unsere Übersetzung [4.2.2025].

5 Eine wortwitzige Verbindung aus französisch *lutter* (»kämpfen«) und *terre* (»Erde«), die natürlich auch an den Reformator Martin Luther, aber auch an den Bürgerrechtskämpfer Martin Luther King erinnert.

außen-Partei *La France Insoumise* vorwirft, durch ihre radikale Politik das Parlament zu »zadisieren«. Sogar die Streikbrechereinheit CRS der französischen Polizei hat mittlerweile eine eigene *cellule anti-ZAD* (»Anti-ZAD-Einheit«) eingerichtet mit dem erklärten Ziel, jegliche Form von ZAD aufzulösen und in Zukunft zu verhindern. Panik herrscht unter den Vertreter*innen des Status quo in der Republik, genauso wie Hoffnung und Motivation unter Aktivist*innen vom Konzept der ZAD gebündelt werden konnten. Dieses Phänomen erscheint uns aktuell als einmalig in Europa (und weckt am ehesten Assoziationen an die Befreiungskämpfe in Rojava und Chiapas): Ein potentiell revolutionäres Projekt hat allgemeine Bekanntheit in einem Land erreicht und so das Mantra des »There is no alternative« des Status quo ins Wanken gebracht. Noch bedeutet ZAD für die meisten Französ*innen eher so etwas wie »bedrohliches Chaos« und ist (bisher) mit wenig Hoffnung konnotiert. Doch es hat sich bereits ein reicher Korpus an Comics, Graphic Novels, Rap-Songs, Filmen, Büchern und medialer Berichterstattung über die ZAD als positive Transformationsmöglichkeit herausgebildet, der eine kritische Masse und vielleicht sogar noch viel mehr Leute erreichen und potentiell mobilisieren kann. *Le futur est une ZAD* (»Die Zukunft ist eine zu verteidigende Zone«) ist ein Slogan, der als Gespenst über dem Status quo Frankreichs hängt und – in unserer optimistisch gewagten These – ein Transformations- und Revolutionspotential in sich tragen könnte. Wir möchten in diesem Buch diese These ausformulieren und so dem Projekt des *Zadismus*, dem Programm *ZAD Partout!* (»ZAD überall!«) zu mehr Bekanntheit auch außerhalb Frankreichs verhelfen.

Wir waren nicht selbst an den konkreten territorialen Kämpfen um die erste und erfolgreichste ZAD in Notre-Dame-des-Landes im Nordwesten Frankreichs beteiligt und erfuhren erst über aktivistische Kreise und über die diversen Quellen, die wir in diesem Buch heranziehen, von der Existenz und dem Erfolg der ZAD. Inzwischen waren wir dort mehrmals zu Besuch, den Anstoß zu diesem Buch gab jedoch weniger die Auseinandersetzung mit jenem konkreten Ort als die mit dem ökopolitischen Modell der ZAD. Dieses Bild der ZAD speist sich großteils aus positiven Erzählungen und spürbaren Potentialen, wobei wir nicht unterschlagen wollen, dass auf dem Weg ihrer Verwirklichung diverse Akteur*innen abgesprungen sind. Manche von ihnen bezeichnen die heutige ZAD als ein Scheitern oder gar einen Verrat (siehe Kapitel 14) – selbst einige unserer Gesprächspartner*innen, die weiterhin dort leben. Auch gibt es viele Zadist*innen, die unser hier entwickeltes Programm als hoffnungslos naiv und utopisch bezeichnen würden. Wir glauben jedoch, dass in scheinbar naiven Utopien eine wichtige politische Kraft steckt. Denn unseres Erachtens ist die tote Zone der Vorstellungskraft eine der Hauptblockaden für echte Transformation. Es ist immer leicht (und »realistisch«), in die Hoffnungslosigkeit zurückzufallen, und auch uns passiert dies regelmäßig. Unser Buch versucht einen anderen Weg: Es möchte dazu beitragen, einen in der ZAD aufblitzenden utopischen Horizont zu verstärken und aufzuwerten, um der gegenwärtigen Depression zarte Waffen entgegenzustrecken. Wir nennen unsere Vorgehensweise »strategischen Optimismus«, mit dem die potentielle Übersetzbarkeit der utopischen Impulse des Zadismus in eine progressive Politik untersucht werden kann. Primär geht es uns also darum, aus diesem französischen und noch eher lokalen Konzept der ZAD einen Anstoß für jene allgemeine utopische Vorstellungskraft zu entwickeln, welche so schmerzlich fehlt. Dafür, glauben wir, braucht es Modelle und Taktiken, um nicht nur den radikalen, sondern auch manchen gemäßigteren Akteur*innen innerhalb der bestehenden Ordnung ein utopisches Auswegszenario anzudeuten. Wir möchten also das neue Gespenst der ZAD auch auf Deutsch zu fassen versuchen und für ein größeres politisches Projekt der utopischen Handlungshorizonte in einer Zukunft mit katastrophalen Tendenzen fruchtbar machen. Die ZAD dient uns als Prisma, durch das wir die gegenwärtige Lage handlungsermächtigend denken können. Ausgehend von ihr spekulieren wir weit über sie hinaus und formulieren utopische Reformen des Bestehenden, die als erster Schritt eine radikale Transformation begünstigen könnten, indem sie die Alternativen sichtbarer und realistischer erscheinen lassen. Wir denken über die Herausforderungen und Möglichkeiten nach, sich in der aktuell herrschenden Form von Demokratie und angesichts der Krise weiterzuentwickeln, um nicht nur kurzfristige Antworten auf die Krise umzusetzen (was wohl strukturell immer zu spät passieren wird), sondern auch ein besseres, ökologisches Leben in der Zukunft schon heute institutionell zu fördern und in Wert zu setzen. Unser Hauptinteresse ist also, die Ökologie als politisches Projekt aus ihrem bisher herrschenden Kontext des Sparens, Verzichtens, Leisertretens und Hausaufgabenmachens zu befreien und als gesamtgesellschaftliches Utopieprojekt für eine Vielfalt von bunten und gedeihenden Lebensformen zu formulieren. Ökologie kann auch von Freude, Lust und Kampfeswillen für das Bessere getragen werden. Hierbei hat uns die ZAD viel gelehrt: nicht zuletzt, dass die Definition des besseren Lebens mit der Rückeroberung eines spezifischen Territoriums und dem Aushandeln der Lebensweise darauf konkret werden kann.

Für dieses Projekt möchten wir uns der bislang wenig behandelten Frage widmen, inwiefern die aktivistischen Mikropolitiken der ZAD eine Allianz mit progressiven Akteur*innen in der etablierten Politik eingehen könnten, um einen größeren Wandel zu ermöglichen. Gibt es eine Möglichkeit, die ZAD nicht nur gegen »den Staat« und »die Politik« zu denken (wie das in den meisten anarchistischen Kreisen der Fall ist)? Könnte die ZAD eine Art politisches Programm *für* einen Staat werden, der sich seiner massiven institutionellen Gelähmtheit bewusst ist und der bereit ist, Auswege aus dieser zu suchen? Kann sich so vielleicht eine der Klimakatastrophe gemäße Idee von gesellschaftlichem Fortschritt herausbilden, selbst wenn dies zu einem teilweisen, aber gesunden Aufgeben von Kompetenzen und Machtmonopolen des Staates führt?[6] Kann also die herrschende Staatsform dazu gebracht werden, sich selbst zu *durchlöchern*, indem immer mehr Akteur*innen in ihr erkennen, dass sie, in Verbindung mit dem Kapitalismus, den Planeten erstickt?

Da die großen linken Gesellschaftsmodelle der *einen* besseren Gesellschaft heutzutage – und vielfach zu Recht – kaum mehr Mobilisierungspotential aufweisen, glauben wir, dass man ausgehend vom Modell der ZAD einen neuen linken Patchwork-Utopismus skizzieren kann. Also die Utopie eines zukünftigen Planeten, der unzählbar viele Welten beherbergt, die sich nicht mehr einer vereinheitlichenden Logik – sei es die des Kapitals oder eine andere – unterwerfen, sondern diverse und in sich widersprüchliche Ordnungsschemata gleichzeitig zulassen. Die Förderung von (Bio-)Diversität würde aber in jedem Fall als menschliches wie planetares Gut politisch an die erste Stelle gesetzt werden. Wir bezeichnen dieses Projekt an späterer Stelle

---

6 Diese Durchlöcherung der aktuellen staatlichen Ordnung deutet sich auch beim Versuch der Umsetzung der *UN-Deklaration über die Rechte indigener Völker* an, die von den meisten Staaten bisher zwar noch schmählich ignoriert wird, aber z.B. im kanadischen British Columbia kurz vor ihrer ersten Implementierung steht. Das Resultat deutet auf eine konkrete Aufgabe von staatlichem Macht- und Gewaltmonopol zugunsten diverser indigener Völker und ihrer traditionellen Länder hin (siehe z.B. Kopecky 2024).

als die »Bolo'boloisierung der Politik« und sehen die ZAD als realpolitischen Ausgangspunkt dieser Möglichkeit.

Mit den diversen Materialien und Stimmen, die wir über die Jahre in intensiven Diskussionen miteinander angesammelt haben, möchten wir so zu einem politisch-philosophischen Austausch über ideologische Gräben innerhalb der Linken hinweg anregen. Dies haben wir über viele Jahre des gemeinsamen und offenen Forschens im künstlerischen Forschungszusammenhang *Stoffwechsel – Ökologien der Zusammenarbeit* insbesondere mit Jack Hauser, Claudia Heu, Lisa Hinterreithner, Sabina Holzer und Anita Kaya real ausprobiert und nicht nur theoretisch, sondern auch somatisch dem nachgefühlt, wie eine Pluralität Gemeinwesen schaffen kann.

Wie wir im Verlauf des Textes argumentieren werden, glauben wir, dass für eine zukunftsgewandte Politik Widersprüche eher als Potential zur dynamischen (Weiter-) Bewegung denn als Hindernis verstanden werden sollten. Aus dieser Perspektive erscheinen feste und solide Positionen dann als unnötige Starrheit. Uns interessiert primär das, was zwischen widersprüchlichen Polen in Bewegung gesetzt wird, und wir vertrauen darauf, dass diese Bewegungen dann in eine interessante Richtung weitergeführt werden und über unsere jeweiligen Positionen hinausgehen. In diesem Sinne haben auch wir in diesem Textprojekt zueinandergefunden, weil wir eine produktive Differenz zwischen unseren politisch-philosophischen Ansichten und Grundpositionen sehen, die wir gemeinsam erkunden wollen, um die jeweiligen Engstirnigkeiten im Dialog aufzuweichen. Während sich Kilian Jörg der anarchistischen Bewegungslinken verbunden fühlt, steht Michael Hirsch einem eher linksbürgerlichen Projekt eines radikalen Reformismus oder progressiven Etatismus nahe. An manchen Stellen haben wir in diesem Prozess noch keine einheitliche Position gefunden. Eher als diese Widersprüche vorschnell aufzulösen, scheint es uns produktiver und anregender, sie in ihrer Spannung zu belassen. Eine Spannung, die hoffentlich zur Mitarbeit an einer neuen, utopischen Vorstellungskraft einlädt, zu der dieser Text ein kleiner Anstoß sein will.

3 »Wir verteidigen nicht die Natur, wir sind die Natur, die sich verteidigt!« – Was ist die ZAD?

Das Konzept der zu verteidigenden Zone (ZAD) stammt aus kommunistisch-anarchistischen Kreisen und entstand in seiner heutigen Prägung im weiter unten dargestellten Kampf um Notre-Dame-des-Landes ab 2008. Es benennt den Versuch, ein konkretes Territorium zu besetzen, progressiv ein- bzw. zurückzufordern (»Reclaiming«) und somit von der staatlich-kapitalistischen Ordnung zu befreien. Zumeist erwächst eine solche großangelegte Besetzung aus dem aktiven Widerstand gegen ein ökologisch besonders zerstörerisches Infrastrukturprojekt wie einen Flughafen, eine Autobahn oder eine Kohlemine.

Durch die Mobilisierung sehr verschiedener Akteur*innen wie lokalen Bäuer*innen, Gewerkschaften, Vereinen, Besetzer*innen, Anrainer*innen, engagierten Bürger*innen und autonomen Szenen versucht man, ein bestimmtes Gebiet als frei von staatlich-kapitalistischem Zugriff zu deklarieren und in ihm eine andere mögliche Welt modellhaft zu verwirklichen. Das heißt: Eine Welt, wie sie sein sollte und zukünftig vielleicht sein könnte, soll in der ZAD bereits im Hier und Jetzt realisiert werden. In Frankreich gab es mittlerweile über zwanzig Versuche, ZADs zu etablieren, sowie ein paar in Spanien und der Schweiz. Der erste Versuch, das Konzept der ZAD auch in Deutschland zu verwirklichen, ist mit der brutalen Räumung des Dorfes Lützerath im Januar 2023 und dem darauffolgenden Abriss zugunsten der Braunkohleindustrie vorerst gescheitert. Während das Konzept im deutschsprachigen Raum außerhalb weniger kleiner Szenen weithin unbekannt ist, kennt es in Frankreich seit der medial stark rezipierten Zuspitzung des Konflikts um die ZAD in Notre-Dame-des-Landes zwischen 2012 und 2018 fast jede*r. Seit diesen Ereignissen erscheinen außerdem diverse Schriften und Studien aus dem Bereich der Philosophie, Anthropologie, Politikwissenschaft, Soziologie, Biologie und Ökologie, die dieses neue Phänomen erforschen und einen utopischen Handlungs- und Imaginationsraum aus ihm ableiten. Wo die offizielle Politik der formaldemokratischen und nationalstaatlichen Institutionen bisher offensichtlich an der Klimakrise scheitert, könnten von den Mikropolitiken der ZADs wichtige Impulse für die bitter notwendige gesellschaftliche Transformation ausgehen, so der Tenor. Wie es die prominente Ökofeministin Émilie Hache stellvertretend für viele ausdrückt: »Die ZAD von Notre-Dame-des-Landes war einer der lebendigsten Orte, an denen ein ökologisches Denken ins Werk gesetzt wurde.« (Hache 2019, 49)

So weit zum Konzept der ZAD, wie es zur Zeit als Gespenst im politischen Diskurs Frankreichs herumgeistert. Wir werden im Laufe des Buches diverse Aspekte genauer beleuchten und zu einer utopischen politischen Fantasie hin öffnen. Doch bevor wir dies tun, möchten wir einen kurzen historischen Abriss der ZAD geben, also des Ortes, an dem dieses Konzept in und durch einen jahrzehntelangen Abwehrkampf gegen einen Flughafen geboren wurde: die ZAD Notre-Dame-des-Landes. Wenn wir im Folgenden von *der* ZAD reden, dann ist meistens diese ZAD Notre-Dame-des-Landes (NDDL) nordwestlich von Nantes gemeint. Hierbei folgen wir den französischen Gepflogenheiten. Denn es hatte *bisher* – zum Zeitpunkt der Niederschrift dieses Buchs – nur diese ZAD NDDL einen so bahnbrechenden Erfolg, dass sie ins allgemeine Bewusstsein eindringen konnte. Dies liegt auch daran, dass manche andere autonome Besetzungen – wie zum Beispiel das Quartier Libre de Lentillères in Dijon – den Begriff ZAD aus strategischen Gründen lange Zeit vermieden haben (im Falle von Dijon wird er erst jetzt, nach vielen Jahren, zaghaft verwendet). Der Begriff ZAD ist wandelbar und in manchen Kontexten auch nicht zielführend, doch die damit assoziierte Strategie hat sich bislang am wirksamsten unter diesem gesammelt.

Der Begriff ZAD entwuchs ursprünglich dem Kampf um Notre-Dame-des-Landes. Die nun folgende historische Nacherzählung ist angemessen kurz und lässt viele Details aus. Manche Details werden an späterer Stelle des Buchs ausgeführt. Uns interessiert primär das politisch-utopische Konzept der ZAD und sein Potential. Materialien und Erzählungen zum historischen Kampf um Notre-Dame-des-Landes gibt es reichhaltig, und bei mehr Interesse empfehlen wir ein Durchstöbern unseres Literatur- und Quellenverzeichnisses am Ende dieses Buches.

Seit den frühen 1970er Jahren plante der französische Staat, ein »Rotterdam der Luft« (L'Insomniaque 2013) in Notre-Dame-des-Landes zu errichten. Dieser Plan eines neuen Flughafens, der der drittgrößte Frankreichs werden sollte, stieß von Anfang an auf großen Widerstand diverser Akteur*innen und wurde nach einer ersten Welle von Protesten Anfang der 1990er Jahre vorerst ad acta gelegt. In den frühen 2000er Jahren wurde das Projekt wieder aus der Schublade gezogen, was zu einer erneuten Mobilisierung des Widerstandes führte. Nach einem Klimacamp im Jahre 2007 kam es zu einer Besetzung des 1.650 Hektar (16,5 km^2) großen Geländes durch ca. 100 Aktivist*innen. Diverse enteignete Farmen wurden bezogen, zu kommunalen Wohnräumen umgebaut, diverse Hütten errichtet und die Zufahrtsstraßen auf kreative Weise verbarrikadiert. Im Laufe der Jahre der Besetzung wurde die ZAD ein Anziehungspunkt und eine Spielwiese alternativer Lebensweisen, und es kamen immer mehr Bewohner*innen dazu. Isabelle Fremeaux und Jay Jordan, die sich früh der Besetzung angeschlossen hatten, schreiben:

> Die ZAD wurde ein lebendiges Experiment der Rückeroberung der Kontrolle über das Alltagsleben, gegen das doppelköpfige Monster von Staat und Kapitalismus. Ohne Planungsgesetze konnte die Kreativität entfesselt werden. Es entstanden Gebäude aus dem Lehm des umgebenden Bodens, es gab ein Baumhaus in der Form eines riesigen Vogelhauses, Holztürme auf besetzten Autostraßen, Hütten aus den Abfällen der Welt und sogar eine schwimmende Kabine, in der man Sex haben konnte. Die Idee war weniger, nach völliger Selbstversorgung zu streben, als eine selbstverwaltete Autonomie aufzubauen. (Fremeaux/Jordan 2021, 62)[7]

Ein zentraler Slogan der Bewegung lautet: *Nous ne défendons pas la nature, nous sommes la nature qui se défend* (»Wir verteidigen nicht die Natur, wir sind die Natur, die sich verteidigt«). Laut der Philosophin Isabelle Stengers und dem Soziologen und Philosophen Bruno Latour ist eine zentrale Innovation der ZAD, die moderne Trennung zwischen Mensch und Umwelt, Kultur und Natur nicht nur theoretisch, sondern auch praktisch-lebensweltlich zu überwinden. In der wissenschaftlichen Diskussion ist es seit einigen Jahrzehnten zunehmender Konsens, dass ein monolithischer Begriff von »der Natur«, der alle nichtmenschliche Umwelt als großes Anderes begreift, eine zentrale Ursache der ökologischen Zerstörungen und Aus-

---

7 Übersetzungen aller Originalquellen jeweils von MH und KJ.

beutungen der letzten Jahrhunderte ist. Im Zuge der europäischen Neuzeit wurde Natur zunehmend als etwas bloß Passives und Gegebenes gedacht und behandelt, welche der Mensch (das männliche Generikum ist hier bezeichnend) nach seinem Gutdünken umgestalten, ausbeuten oder konsumieren kann. Dadurch werden wechselseitige ökologische Abhängigkeiten der Menschen von anderen Lebewesen und Biodynamiken der Erde aus der Reflexion und Handlung strukturell ausgeblendet. Selbst klassischer Naturschutz reproduziert diese problematische Struktur, da er eine paternalistische Beziehung der Menschen zu ihrer externalisierten Natur voraussetzt. Das Ausbeuten, Beschützen und Konsumieren der Natur entspringt laut Philippe Descola (2015) genau dem problematischen Umweltverhältnis, welches es theoretisch wie praktisch zu überwinden gilt. Durch gelebte Praxis wie jene in der ZAD versucht man materiell, die Bedingungen für einen anderen kosmologischen Bezug zur Welt zu erkämpfen und zu entwickeln. Die ZAD verstand sich von Anfang an als ein solches Labor für andere und weniger koloniale Umweltbezüge, bei denen »der Mensch« nicht länger die einsame Krönung der Schöpfung darstellt. Plötzlich fanden sich kämpferische Menschen in Allianz mit Schafen, Kühen, Bäumen, Wolken, Sümpfen, Mikroorganismen und Feldern auf der Seite der ehemals so passiv gedachten Natur und konnten sich gemeinsam erfolgreich über viele Jahre gegen die brutalen Räumungsversuche der Polizei zur Wehr setzen. Widerstand wird so praktisch mit seiner materiellen Basis der Subsistenz zusammen gedacht und gelebt – das Holz, das im Ofen brennt, und die Aubergine, die man im befreiten Territorium anbaut, werden als essentielle Akteur*innen eines erfolgreichen, dauerhaften Widerstands begriffen. Bei den Demonstrationszügen wurde es deshalb üblich, tierische Totems in Form großer Holzskulpturen mit sich zu führen, und der »heilige Schlamm«, der selbst

große Polizeipanzer außer Gefecht setzte, wird als einer der wichtigsten Verbündeten verehrt. In diesem Kontext schickte die ZAD NDDL auch Grüße nach Lützerath, in dessen Schlamm ebenfalls Polizist*innen feststeckten – und von einem als Mönch verkleideten Aktivisten umgeschubst wurden, der in der Szene sofort zum Star wurde.[8] Auch die aus dem Zadismus entsprungene Bewegung *Les Soulèvements de la Terre* führt Tiere oder Pflanzen als die treibenden Akteur*innen ihrer lokalen Komitees an (siehe Bild) und lässt ebenfalls regelmäßig gigantische Tiertotems auf Demonstrationen erscheinen. Das Holz für diese beeindruckenden Skulpturen entstammt großteils aus dem selbstverwalteten Forêt de Rohanne und wird in den eigenen Werkstätten verarbeitet.

Fast jede ZAD in Frankreich hat ein Tier als ihr »totemisches« Logo: In Notre-Dame-des-Landes ist es der Salamander, im Quartier Libre de Lentillères der Fuchs, bei den

8 youtube.com/watch?v=GGqjZtaSNd8 [11.11.2024]

ZAD-Versuchen gegen die Autobahn A 69 besetzten sich als Eichhörnchen identifizierende Menschen die rodungsbedrohten Bäume. Auch die aktuelle Formation *La Déroute des Routes* (unübersetzbarer Wortwitz, da beide Teile des Namens genau gleich ausgesprochen werden – am ehesten »Die Verwirrung der Straßen«) hat bei ihrem Besetzungsversuch einer geplanten Umgehungsautobahn bei Montpellier zum Beispiel eine riesige Holzskulptur eines Igels mitgeschleppt, um so eine symbolische Rache dieses oft überfahrenen Tiers zu inszenieren und Trans-Spezies-Bündnisse für eine lebbare Zukunft zu evozieren. Es mag unnötig aufwendig erscheinen, große Holzskulpturen in illegalen Massenaktionen herumzutragen. Doch die von der ZAD ausgehenden Bewegungen versuchen so, selbst im Protest die Natur-Kultur-Dichotomie nicht nur theoretisch zu überwinden, sondern auch durch materielle Praktiken und die rituelle Inklusion von nichtmenschlichen Akteur*innen ins Kampfgeschehen zu ersetzen. Dies erfolgt nicht mehr unter den Gesichtspunkten der Nütz-

lichkeit für Menschen und der Effizienz für kapitalistische Wertschöpfung oder staatliches Planungsrecht, sondern mit dem Zweck, neue Beziehungen zu anderen und Behausungen für andere, als zentral erkannte Akteur*innen dieser Umwelt aufzubauen.

Natürlich sind dies nur kleine Schritte in diese Richtung. Es bedeutet nicht, dass die Zadist*innen es vollständig geschafft hätten, sich von den kolonialen Bezügen des herrschenden »Naturalismus« (wie Descola das koloniale Umweltverhältnis der europäischen Moderne nennt) zu befreien. Aber diese beispielhaften Aktionen zeigen performativ und symbolisch eine mögliche andere Weltenordnung unter vielen an, die auch heute schon eine manchmal fast magisch erscheinende Wirkung und Effizienz entfalten. Bei einer legendären Aktion im Verteidigungskampf von Notre-Dame-des-Landes wurde beispielsweise dazu aufgerufen, dass alle jene, die bereit sind, im Falle der nächsten Polizeiräumung das Land zu verteidigen, einen persönlich verzierten Stock in die ZAD tragen. Diese Stöcke wurden dann rituell in den Schlamm des Terrains gesteckt und mit einem Schwur verbunden, hierher zurückzukommen, wenn es notwendig wird. Die so akkumulierten 30.000 (!) Stöcke haben heute teilweise eine Art totemische Funktion in Frankreich: So berichten Aktivist*innen der kurzlebigen ZAD du Triangle de Gonesse bei Paris, dass manche Stöcke aus NDDL, die ihren Weg in die Île-de-France gefunden hatten, den Sicherheitsbehörden Angst und Respekt eingeflößt haben. Sie räumten zwar diverse andere Strukturen bei nächtlichen Patrouillen weg, doch die Stöcke trauten sie sich anscheinend nicht zu berühren.[9]

---

9 Hierbei folgen wir den Auskünften von Stéphane Tonnelat in seinem Vortrag am Institut Momentum am 27. April 2024 mit dem Titel »Sauver les terres agricoles dans le Grand Paris: vers une démocratie écologique et publique«, institutmomentum.org/sauver-les-terres-agricoles-et-la-democratie.

Zwei Stöcke von Notre-Dame-des-Landes im Boden des Triangle de Gonesse im Sommer 2018

Diese Kleinigkeiten sind Indizien dafür, dass das großteils noch eher symbolische Vorleben einer anderen kosmologischen Werteordnung schon hier und heute nach realistischen Maßstäben betrachtet magische Effekte haben kann. Und vielen – uns inklusive – erscheint das freudvolle Mobilisationspotential rund um die ZAD und den Zadismus selbst als zauberhaft, wenn es das Mantra des »There is no alternative« scheinbar ganz spielerisch mit Tiermasken, großen Holzskulpturen und einem gelegentlichen Molotowcocktail über Bord wirft. In der ZAD kann so präfigurativ umgesetzt werden, was in den meisten der radikalen Ökologie wohlgesonnenen, aber innerhalb der vom Kapitalismus überdeterminierten Territorien unmöglich ist: Lebensbedingungen zu schaffen, die den Anthropozentrismus überwinden und eine demokratisch verfasste Gesellschaft diverser Spezies mit einem Bewusstsein für ihre gegenseitigen Abhängigkeiten experimentell erproben. Laut der Analyse von Descola und Pignocchi (2023) wurde durch diese erfolgreiche Verteidigung eines Territoriums ein Versuchsfeld eröffnet, in dem Auswege aus der kapitalistischen Ordnung als kollektives Projekt erarbeitet werden und nicht mehr von einer Dominanz des Menschen gegenüber der Natur ausgegangen wird. Die Konzepte von Eigentum und Geld wurden in dieser Zone radikal abgeschwächt (und in ihrer besten Zeit vielleicht sogar gänzlich außer Kraft gesetzt) und die traditionelle Gemeinschaftsform der Commons/Allmende für die Zukunft reaktiviert und neu erfunden. In der autonomen Zone der ZAD NDDL wird versucht, eine neue Rechtsform des Gemeineigentums von unten zu erstreiten. Das Verhältnis zum Land und zum Planeten soll so nicht mehr von einem besitzenden menschlichen Individuum gegenüber einer passiven Umwelt ausgehen, sondern als gemeinsames Einander-Besitzen und -Ermöglichen in einem Gemeinbesitz neu gedacht und gelebt werden. Im *Bocage*[10] von Notre-Dame-des-Landes richteten sich so verschiedene Projekte ökologischer Landwirtschaft ein, es wurde eine überraschend gut sortierte Bibliothek errichtet, Schafzucht betrieben, ein Leuchtturm als symbolisches Projekt gebaut und an einem neuen Kunstverständnis gearbeitet, in dem auch nichtmenschliche Akteur*innen als Kulturschaffende verstanden werden (Damasio 2018, 192). Weiterhin wurde ein Teil der ZAD zur nichtmotorisierten Zone erklärt, um mit Le-

---

10 Als *Bocage* bezeichnet man in Frankreich einen Landschaftstyp, der sich durch eine große Anzahl an Knicks, Hecken oder Wallhecken als Begrenzung landwirtschaftlicher Felder auszeichnet. Der Bocage kommt vorwiegend in den französischen Atlantikregionen Normandie, Bretagne, Pays de la Loire und Poitou-Charentes vor, vereinzelt aber auch im Zentralmassiv und im Nordosten Frankreichs. Der Begriff Bocage findet auch in anderen westeuropäischen Ländern wie Belgien oder Großbritannien Anwendung, in denen es großflächige Heckenlandschaften gibt. Durch seine große Diversität an kleinräumigen Landschaftsstrukturen spielt der Bocage heute eine wichtige Rolle für den Erhalt der biologischen Artenvielfalt. (Wikipedia 08.06.2023)

bensformen »nach dem Öl« und ohne Strom oder Motoren zu experimentieren. Auch ökonomisch gingen die Bewohner*innen der ZAD eigene Wege und versuchten sich so gut es ging von Ökonomisierungszwängen und der Abhängigkeit von Geld zu befreien. In Gemeinschaftshäusern setzte man auf das Prinzip des Teilens. Jede*r brachte, was sie*er hatte, containerte oder produzierte. So organisierte man das Überleben und Gedeihen gemeinsam anstatt in einem finanziellen Konkurrenzverhältnis gegeneinander. Dies gelang auch, weil es eine große Solidarität der Anrainer*innen gab und aus dem nahegelegenen Nantes sowie von anderswo vielfach Unterstützung in Form von Beteiligungen an Demonstrationen und Blockaden, Waren[11] und Ideen geleistet wurde. Durch diese Betonung des nicht nur menschlich gedachten Gemeinschaftlichen gelang es auch, eine Solidarität unter den Besetzer*innen und ihren Unterstützer*innen über die Jahre zu erhalten und auszubauen. Als Gegenmodell zum Individualismus des Lohnarbeiter*innen- und Konsument*innen-Daseins fanden die Zadist*innen in ihrer pluralen Allianz einen Zusammenhalt, der Positionen und Ideen vereinen konnte, die auf dem Papier widersprüchlich waren, und der der Zersplitterung und Polarisierung der Gesellschaft entgegenwirkte. In der ZAD wurde die Idee, dass wir alle Teil der Natur sind, nicht nur theoretisch postuliert, sondern praktisch ausgelebt. Dafür bedurfte es eines konkreten Stücks Land mit seinen Hecken, Sümpfen, Wäldern und sanften Wiesen, mit dem

11 Eine in den radikaleren Segmenten der Bewegung als legendär geltende Aktion war das rituelle Ausrauben eines gigantischen Supermarkts, der zum selben Großkonzern gehört wie der Bauträger des geplanten Flughafens. Die geklaute Beute wurde kollektiv in einem neu-alten Ritual an die Zadist*innen verteilt, das dem Potlatch und anderen orgiastischen Verteilungsriten früherer Zeiten in der kaputten Welt des Konsumkapitalismus nacheifert. (L'Insomniaque 2013, 13)

sich die diversen Akteur*innen verbunden und in Verantwortung fühlten. So konnten sie in ihrem gemeinsam entwickelten Sorgeinteresse für die bestehende Umwelt abstrakte politische Differenzen überwinden. Ein anderes, ökologischeres Umweltverhältnis ist demnach nichts, was man als allgemeine Form entwickeln und staatlich verordnen kann, sondern etwas, das man in Experiment und Ausprobieren nur mit einem konkreten Umweltbezug als nicht endenden Prozess entstehen lässt. Dann kann man auch als Mensch Teil der Natur werden, die sich gegen die kapitalistische Ordnung verteidigt.

4 Gegen den Flughafen *und* seine Welt

Ein weiterer zentraler Slogan der ZAD lautet *Contre l'aéroport et son monde* (»Gegen den Flughafen und seine Welt«). Es ging und geht den Bewohner*innen der ZAD also nicht nur um das Verhindern eines singulären, ökologisch wahnwitzigen Projekts, sondern um den Gegenentwurf zum hegemonialen Projekt der »einen Welt« des Konsumkapitalismus, die durch Billigflüge, Warenverkehr und globale Ausbeutung zusammengehalten wird und von der sich nicht einmal mehr ihre Profiteure vormachen können, dass sie nicht in den Kollaps rast.

Die Zadist*innen entgegnen der resoluten Hoffnungslosigkeit und Engstirnigkeit des herrschenden Systems: *Une autre fin du monde est possible!* (»Ein anderes Ende der Welt ist möglich!«) Es muss nicht so grausam und barbarisch werden wie in den zahllosen Serien und Filmen der Ökoapokalypse, die die Unterhaltungsindustrie am laufenden Band produziert. Das Ende der Welt ist, wie der Autor und »Kollapsologe« Pablo Servigne festhält, ein Leitmotiv der

Bewegung der Zadist*innen: Eine Generation, die ganz klar und deutlich sieht, dass das Leben in den Städten und kapitalistischen Zusammenhängen für sie keine Zukunft mehr bereithält, findet in den zu verteidigenden Zonen die Hoffnung, andere Welten entwerfen und bauen zu können, die materielle Sicherheit (im nicht mehr monetär verstandenen Sinn), Subsistenz und Verbundenheit ermöglichen. Der Plural ist hier essentiell: Gegen ein vereinheitlichtes Projekt der »einen richtigen Welt« operieren die Zadist*innen mit einer Strategie des »Multimondialismus«, in Anlehnung an die Zapatistas – also der Einsicht in die vitale Notwendigkeit von Diversität in Strategie, Ausrichtung und Position. Solidarität ist so nicht mehr nur moralisch oder ideologisch begründet, sondern ergibt sich aus der respektvollen Teilhabe an einem größeren sozialökologischen Zusammenhang. In solchen Experimenten von Gesellschaft, die sich nicht nur aus Menschen zusammensetzt, experimentieren die Zadist*innen mit einem pluralen und lebensfreudigen Gegenmodell zur atomisierten Gesellschaft des Kapitalismus, in der jeder Mensch alleine gegen die Natur und die anderen steht – aber alle Teil der einen großen abstrakten Welt des modernen Globalisierungsprojektes sind. Biodiversität ist also nicht nur im Bereich der sogenannten Natur wichtig und betrifft nicht nur andere Spezies – auch menschliche Kulturen brauchen den Plural von diversen Welten, um ein nachhaltiges Verhältnis zu Umwelten zu entwickeln. Es geht nicht mehr um das Erkämpfen der einen besseren Welt, wie das viele frühere Utopieprojekte versucht haben, sondern um das Ermöglichen einer größtmöglichen Vielfalt von Lebensweisen und Welten.

Dies ist unseres Erachtens der wesentliche Kniff, der die Bewegung der ZAD zu einem ermächtigenden und hoffnungsbringenden Projekt macht. Damit sind die Zadist*innen zwei Schritte weiter als Aktivist*innen, die »die Politik« auffordern, endlich zu handeln, um die Welt und die

Zivilisation zu retten: Für sie ist *diese* Welt nicht nur unwiederbringlich auf Untergangskurs – sie sehen darin auch die notwendige Bedingung dafür, jenseits der Gleichmachungstendenzen der kapitalistischen Einheitswelt eine neue Vielheit von resilienteren, bunteren und gesünderen Welten als globalen Flickenteppich zu ermöglichen. Das Ende der Welt muss nicht in Panik, politische *quick fixes* und Kurzschlussreaktionen münden, sondern kann auch zum geduldigen Gegenprojekt des kollektiven Entwerfens anderer Welten führen.[12]

Wichtig ist hierbei, dass sich das Projekt der ZAD nie ausschließlich darüber definierte, *wogegen* es ist (gegen den Flughafen und seine Welt), sondern dass es immer auch *für* etwas war (für neues *commoning* jenseits des Kapitalismus und viele bessere Welten). Diese Logik findet man schon bei der Bewegung der Hausbesetzer*innen, aus deren Szene vor allem in der frühen Phase der ZAD-Besetzung viele Aktive stammten (Gelderloos 2024, 150). Nachdem der geplante Flughafen verhindert worden war, begann eine neue Phase. Die bewohnenden Kollektive konnten sich nun nicht mehr nur über das *Gegen* mobilisieren oder identifizieren, sondern mussten eine kollektive und plurale Einigkeit utopischer Entwürfe im Alltag entwickeln. Dieser wesentliche Teil utopischer Realpolitik wird erst dann virulent, wenn die diversen Akteur*innen, die sich in einen Zusammenhang finden, auch über ihre Differenzen, Widersprüche und Uneinigkeiten hinweg ein Gemeinsames – ein *common* – aushandeln und leben. Viele berichten von langwierigen, anstrengenden, aber doch auch sehr wertvollen Aushandlungsprozessen zwischen beispielsweise strikten Veganer*innen und konventionellen Landwirten mit Tierhaltung; zwischen den postfossilen Bewohner*innen, die

12 Siehe hierzu auch Kilian Jörgs Text »Was für eine Geschichte ist das Weltenende?« (2022a).

auf alle Motoren verzichten wollten, und denjenigen, die weiter mit ihren Campern und Traktoren an der fossil betriebenen Welt teilhaben wollten; zwischen den akademisch gebildeten Städter*innen mit theoretisch fundiertem Wissen über präfigurative Politik und den handwerklich und landwirtschaftlich erfahreneren »Machern«, die das elitäre Bildungssystem ablehnten und nicht durchlaufen hatten. Das aus diesem nie endenden Aushandlungsprozess entstehende Gemeinsame, das neben einem widerständigen *common sense* auch die Probleme, Konflikte und Divergenzen beinhaltet, ebenso wie die gemeinsam erlebte Geschichte des Widerstands und die gemeinsamen Feiern und Träume, Enttäuschungen und Traumata, hat ein für viele magisches Transformationspotential: »Eine der unglaublichsten Dinge in der ZAD nach dem polizeilichen Räumungsversuch von 2012 war die Art und Weise, wie alle Identitäten ins Schwimmen gerieten: Es gab Landwirtschaft betreibende Hausbesetzer*innen und Bäuer*innen, die plötzlich Häuser besetzten. Selbst die politische Partei der Grünen eröffnete einen Squat. In diesem goldenen Zeitalter übernahmen die Leute Positionen auf Grundlage zu lösender Probleme und nicht aufgrund der Zugehörigkeit zu einer Gruppe« (Crimethinc 2019). Das Wertvolle und Lehrreiche am Projekt der ZAD NDDL war, dass es genug Zeit und Raum gab, sodass Akteur*innen sich langsam einen (um)weltlichen Zusammenhang aufbauen und aushandeln konnten, der um einiges freier von kapitalistischen Zwängen und ihren einengenden Identitätsangeboten war. Fremeaux und Jordan beschreiben diese Dialektik von Nein und Ja, von Protest- und Konstruktionsarbeit in ihrem Buch *We Are »Nature« Defending Itself*:

> Für uns beide verkörperte die ZAD die DNA erfolgreicher revolutionärer Prozesse, die aus zwei ineinander verschlungenen Strängen bestehen: das Ja und das Nein, Protest und Ge-

> genvorschlag, Widerstehen und Erschaffen, Kämpfen und Bauen. Wenn wir nur sogenannte »Alternativen« schaffen, aber es versäumen, erfolgreich die toxischen Industrien und Maschinen des Kapitalismus zu blockieren, zu sabotieren und zu demontieren, die Gemeinschaften, das Klima und unsere Biosphäre ruinieren – dann werden unsere Windfarmen, Stadtgärten und Ökodörfer einfach überwältigt von wachsenden Wüsten und Überschwemmungen. Umgekehrt, wenn unsere Bewegungen nur »Nein« sagen, sind sie weniger begehrenswert und einladend und verursachen aktivistischen Burnout. (Fremeaux & Jordan 2021, 63)

Auch in der in Notre-Dame-des-Landes vorgelebten Welt war nicht alles rosig und manche sind auch wütend wieder abgezogen. Aber allein die Tatsache, dass sich hier eine radikal andere Welt bilden und bis heute halten konnte, regeneriert und produziert seitdem eine nachhaltig utopische Vorstellungskraft in der Szene und darüber hinaus.[13] Denn was einmal gelang, kann auch nochmal gelingen, und die nächste ZAD kann auch ganz anders aussehen als die in Notre-Dame-des-Landes – je nach den Bedürfnissen und Bedingungen ihrer Akteur*innen und ihrer Umwelt.

---

13 Siehe neben Gelderloos (2024, 147–149) den Bericht von einem*r anonymen Kritiker*in und ehemaligen Bewohner*in: »Auf jeden Fall weiß ich, dass wir in dieser Zeit einen Haufen unglaublicher Dinge gemacht haben – Ideen austauschen, nach dem suchen, was möglich ist, und ganz konkret das Leben der Leute ein wenig besser machen. Es gab eine autonome Zone, frei von jeder Polizei, über mehrere Jahre hinweg. Ein Ort, wo Leute mit ganz unterschiedlichen Lebenserfahrungen zusammengelebt und sich gegenseitig unterstützt haben, innerhalb kollektiver Infrastrukturen, die einigermaßen gut funktionierten. Es war ein Ort, wo es ein Alltagsleben gab, das der anarchistischen Utopie ähnelte – mehr als an allen anderen Orten, wo ich bisher sein konnte. Ja, es hat sich gelohnt.« (Crimethinc 2019).

5 Nicht nur gegen die Welt: Präfiguration und Auswege aus der Hoffnungslosigkeit

Nach mehr als einem Jahrzehnt der Besetzung und mehrerer, von extremer Gewalt gekennzeichneter Räumungsversuche der Staatsgewalt hat die französische Regierung im Januar 2018 schließlich eingelenkt und das Projekt des »großen Flughafens des Nordens« abgesagt. Doch entgegen der Erwartung, dass die Zadist*innen nach diesem formellen Erfolg wieder nach Hause gehen, Miete bezahlen, dafür irgendwo Lohnarbeit verrichten und also in das alternativlose System des Konsumkapitalismus zurückkehren würden, sind viele geblieben. Die ZAD war bereits ihr Zuhause, ihre bessere Welt, aus der man nicht zurückwollte. Hierin liegt laut Bertrand Louart eine der wichtigsten Lektionen dieses Kampfes: »Es ist nicht nur notwendig, ein Gebiet zu besetzen, sondern auch das aufzubauen, was einem ermöglicht, dort zu bleiben.« (Louart 2022, 15) Während andere soziale Protestbewegungen wie die Gelbwesten oder die Streikbewegung gegen die französische Rentenreform 2023 zwar viel mehr Menschen (für eine kürzere Zeit) mobilisieren konnten, waren ihre Errungenschaften nach ein paar Monaten des sogenannten Ausnahmezustandes dennoch um einiges magerer als jene der ZAD. Der Status quo restabilisierte sich nach den vielfach gewaltvollen Ausschreitungen und Massenprotesten auf beinahe unheimliche Weise. Laut Louart liegt dies daran, dass diese Protestbewegungen, anders als die ZAD, sich nur *gegen* den Zwang zu konsumieren, zu arbeiten und am ausbeuterischen Kapitalismus teilzunehmen, aufgelehnt haben, und dass sie diesen Protest nur einseitig »nach oben« an den Staat adressierten – ohne gleichzeitig an einer lebbaren Alternative zu arbeiten. Nachdem sich die Demonstrant*innen (nach der Staatslogik) »ausgetobt« hatten, sind sie fast wie durch ein Gummiband zurückgeschnalzt in den Lebensstil der einen Welt, von dem sie mehr und mehr wissen, dass er keine Zukunft hat. Dies führt zu Wut, Verzweiflung und Ressentiment – eine Gefühlslage, die sich gut von rechten Demagog*innen anzapfen lässt.

Anders die ZAD. Hier hatten sich über das Jahrzehnt der Besetzung andere Lebensweisen als gemeinsame Erfahrung gebildet, die den Aktivist*innen und vielen Unterstützer*innen und Sympathisant*innen als attraktiver und zukunftsfähiger als die eine Welt des globalen Kapitalismus erschienen. Während der französische Staat den potentiellen ökologischen Schaden eines neuen Flughafens durch das Pflanzen von Bäumen anderswo kompensieren wollte, lehnten sich die Zadist*innen gegen diese simple Logik der universellen Austauschbarkeit auf: »Als ob lebende Wesen und Prozesse mit den deterritorialisierten Strömen des Finanzkapitalismus austauschbar und kommensurabel wären.« (Bonneuil 2018, 104) Die Natur ist eben nicht bloß das dem Menschen Gegebene, an dem *er* sich frei bedienen kann ohne Sensibilität für seine relationale und situative Abhängigkeit darin. Laut Pablo Servigne ist aus dem aufgegebenen Flughafenprojekt auch deshalb ein für die Zukunft viel wichtigerer Ort des *Landens* geworden: ein Landen aus der Abgehobenheit des konsumkapitalistischen Lebensstils. An diesem Ort ist nicht mehr alles austauschbar und beliebig: »Jetzt, da der Flughafen abgesagt ist, wird die ZAD endlich zu einem Landeplatz. Sie ist ein Territorium, wo man hoffen kann, sich niederzulassen und wo man – wenn die Zeit gekommen ist – das letzte Flugzeug wird demontieren können.« (Servigne 2018, 143) Das Verhindern des Flughafens ist also nur die erste Etappe einer viel langlebigeren Rebellion für das Leben und Überleben: Aus der Verbundenheit der Aktivist*innen mit diesem spezifischen Territorium deutet sich ein globalerer Widerstand gegen die kapitalistische

Wertlogik an. Denn deren Reaktion auf die ökologische Problematik ist jene des Grünen Kapitalismus, der alles – und nun auch Naturgegenstände – in die kapitalistische Logik der universellen Austauschbarkeit einschließt: Dann wäre dieser Sumpf oder jener Baum in Notre-Dame-des-Landes insofern verzichtbar, weil man sie woanders mit »gleichwertigen« Entitäten kompensieren könnte – auch wenn diese dann in Afrika stehen, weil dort die Bodenpreise billiger sind. Der Aufbau einer anderen, in der Katastrophe utopisch aufscheinenden Welt besteht also auch wesentlich in einer Reterritorialisierung und Reidentifikation mit der langen Geschichte und den komplexen biologischen Zusammenhängen, die einen Ort erst zum diversen und gedeihenden Habitat machen. Es ist diese konkrete Verbundenheit zu einer anderen Welt, die mehr und besser auf diesem Planeten verankert ist, die solche Formen von Weltbezug – vielleicht sogar für viele, die heute noch in der Alternativlosigkeit des Status quo festhängen – irgendwann einmal als eine bessere Alternative aufscheinen lassen kann.

Für David Graeber ist die ZAD ein Musterbeispiel der Präfiguration, also jener mikropolitischen Strategie, die besagt, dass »man die Grundlagen einer neuen Gesellschaft in der Schale der alten aufbauen muss« (Graeber 2018a, 8). Entgegen der leninistischen Idee der Revolution, bei der der Zweck alle Mittel heiligt, geht es bei der Präfiguration um das genaue Gegenteil, wie es David Graeber in seinem Text an die Zadist*innen 2018 ausdrückt:

> Anstatt nur darauf zu spekulieren, das gegenwärtige Regime umzustürzen, indem man der Hypothese folgt, dass auf die eine oder andere Weise daraus etwas Neues spontan entspringen wird, versucht ihr aus der Form eures Widerstands ein Modell zu machen, dem die Gesellschaft, die wir anstreben, ähneln soll. Das bedeutet auch, dass wir nicht die Frage der Frauenrechte oder die der internen Demokratie (um zwei Bei-

> spiele zu nennen) auf die Zeit nach der Revolution verschieben können: Diese Fragen müssen jetzt behandelt werden. Natürlich wird das, was wir dann erhalten, niemals das exakte Modell einer zukünftigen freien Gesellschaft sein – aber es wird sich zumindest um eine soziale Ordnung handeln, die außerhalb von Strukturen der Gewalt und Unterdrückung existiert. Das heißt, dass die Leute eine unmittelbare Erfahrung der Freiheit machen können, im Hier und Jetzt. (Ibid., 8–9)

Die ZAD hat genau das geschafft: Unter den schwierigen Bedingungen gesellschaftlicher Abwertung durch Illegalisierung, polizeiliche Unterdrückung und rechtliche Verfolgung ist es ihr trotzdem gelungen, eine Utopie des besseren Lebens zu *präfigurieren*. Für den Anarchisten Graeber lag genau darin die Provokation, die der Staat nicht tolerieren konnte. Denn anstatt dass die Nation dieses unglaubliche Potential gewürdigt und nach der Aufgabe des Flughafenprojekts die ZAD als Labor für das bessere Leben anerkannt hätte, nahm die Polizeigewalt noch zu. Jetzt erst recht, nach ihrem Erfolg, mussten die Zadist*innen mit aller Gewalt aus Notre-Dame-des-Landes vertrieben werden. »Das ist zu einer Art Obsession derer geworden, die versuchen, uns zu regieren: Diejenigen, die das aktuelle Kräfteverhältnis in Frage stellen, dürfen niemals, unter keinen Umständen, als siegreich wahrgenommen werden« (Ibid., 7). Laut David Graeber ist es für die Vertreter*innen und Profiteure der herrschenden Ordnung von enormer Bedeutsamkeit, dass diese Ordnung weiterhin als alternativlos erscheint. Aus diesem Grund mussten die anderen Welten, die in der ZAD ihre Keimzelle gefunden hatten, mit allen Mitteln vernichtet werden. Doch auch daran scheiterte der Staat, und nach weiteren Kämpfen in den Folgemonaten nach der offiziellen Aufgabe des Flughafens mit zig Schwerverletzten kippte die öffentliche Meinung zugunsten der Zadist*innen. Seitdem klafft eine

Wunde in der französischen Staatlichkeit, aus der das andere, bessere Leben strömt. Die ZAD Notre-Dame-des-Landes besteht bis heute und ist mittlerweile staatlich geduldet. Als der Staat in mehreren Schritten zwischen 2017 und 2018 die Legalisierung der besetzten Zone durch Verpachtung anbot, entstand innerhalb der Bewegung eine gefährliche Spaltung. Die Hardcore-Anarchist*innen wollten keine Kompromisse mit dem Staat eingehen, während eine Mehrheit der Bewohner*innen dazu bereit war, um ihre nach langem Kampf etablierte Lebensweise bewahren zu können (siehe hierzu auch Kapitel 14 *Sieg oder Verrat?*). Bis heute gilt die ZAD weit über ihre geografischen Grenzen hinaus als große Inspiration für eine emanzipatorische Politik, die sich ihrer Erdgebundenheit bewusst ist. Der Schriftsteller Alain Damasio bringt dieses französische Imaginäre einer neuen ökoanarchistischen Linken auf den Punkt. In seiner Kurzgeschichte *Hyphe ...?* (Damasio 2018), die einige Jahrzehnte in der Zukunft spielt, sind große Teile Frankreichs zu ZADs geworden. Zwar besteht im Territorium der noch nicht befreiten Nation weiterhin ein immer offensichtlicher von Großkonzernen dominierter Überwachungsstaat, der die Bewohner*innen jagt und ausbeutet. Doch mehr und mehr Menschen ist es gelungen, Breschen in diese ausweglose und verhärtete Ordnung zu schlagen und alternative Lebensweisen zu entwickeln. ZADs sprießen in dieser Zukunftsvision überall, und die Vision der »Zadisierung der Welt« verbreitet sich inzwischen vielfach in einschlägigen Publikationen, Graphic Novels, Comics, Zines, etc.[14]

---

14 Siehe hierzu zum Beispiel die schöne, dreibändige Graphic Novel *Petit Traité d'écologie sauvage* von Alessandro Pignocchi, den Film *Une île et une nuit* des Kollektivs *Pirates de Lentillères* über die gleichnamige besetzte Zone in Dijon, den illustrierten Gesprächsband *Ethnographies des mondes à venir* von Philippe Descola und Alessandro Pignocchi.

Der Kapitalismus und das System brechen nicht auf einmal zusammen oder werden auf einen Schlag durch eine Weltrevolution überwunden, sondern vielmehr von diversen Richtungen durchlöchert und angeknabbert. Die Hoffnung ist, dass dieses immer größer werdende Patchwork aus besseren Welten irgendwann einmal so attraktiv ist, dass selbst die Welt des Finanzkapitalismus an ihrer schieren, im Vergleich offensichtlich gewordenen Lebensfeindlichkeit und Hässlichkeit zusammenbricht. In Frankreich wird diese Art von Zadisierung in manchen Szenen immer mehr zu einer dominanten Fantasie antikapitalistischer Politik. Weder glaubt man an die Revolution, die in einem Schwung alles Übel beseitigt, noch an die Reformfähigkeit des Staates in seiner gegenwärtigen Form, der immer mehr neoliberalen Sozialstaatsabbau betreibt und in der Auseinandersetzung mit sozialen Bewegungen tendenziell zu einem militarisierten Überwachungsstaat mutiert.[15] Das gegenwärtig hoffnungsgebende Szenario in dieser Situation ist das progressive Herausschälen von kleinen Territorien, um auf ihnen andere Welten entstehen zu lassen. Stück für Stück durchlöchert und zersetzt man so die herrschende Ordnung von innen her und hofft auf den Moment des Umkippens, in dem die wachsende Pluralität anderer Welten irgendwann auch bei den etablierten politischen Kräften die Denkmöglichkeit radikaler Reformen unserer Gesellschafts- und Lebensform erweckt. *Les liens qui libèrent* (»Die Bindungen, die befreien«) – diese Parole beinhaltet das zentrale emanzipatorische Projekt der ZAD, das in Frankreich die linke Vorstellungskraft bereichert: eine viel-

---

15 Um ein Beispiel aus persönlicher Erfahrung zu nennen: Bei einem angemeldeten und legalen Protestcamp in Bure in Nord-ost-Frankreich, welches eine ehemalige, mittlerweile geräumte ZAD beherbergte (gegen das dort vom Staat geplante Atommüllendlager), verfolgte einen eine Polizeidrohne, sobald man das Gelände verließ.

leicht neuartige Fusion aus konkreten, lokalen Anliegen, die dennoch eine Art globales Langzeitziel formulieren können. Es bleibt weder im Regionalismus nur eines konkreten Kampfes stehen, noch wird es von einem abstrakten Einheitsziel der revolutionären Gleichmachung beherrscht. Der vielfach vorgebrachte Vorwurf, regionale Besetzungen und Anliegen seien von einer NIMBY-Perspektive (»Not in my backyard«) eingeschränkt, löst sich auf, wenn sich die regionalen Anliegen in einem übergeordneten globalen Solidaritätszusammenhang verstehen. *NIMBYs aller Länder, vereinigt euch!*[16]

6 »Imaginez« – Stellt euch vor …

Viele Aktivist*innen und anarchistische Denker*innen wie der oben zitierte David Graeber misstrauen dem Staat zutiefst. Dieser Pessimismus ist verständlich – immerhin wurden diverse ZADs in Saclay, Lützerath, Bure sowie die ZADs du Triangle, de la Colline und an anderen Orten kostspielig für Mensch, Umwelt und Kapital angegriffen und teilweise vernichtet. Dennoch möchten wir uns vom »Kollapsologen« Pablo Servigne utopisch zu hoffnungsvollen Denkaufgaben inspirieren lassen:

> Stellt euch vor, die Regierung hätte niemals Militäroperationen gegen diese ZAD oder irgendeine andere ZAD durchgeführt. Stellt euch vor, dass alle nötigen Genehmigungen erteilt und den Entscheidungen der Vollversammlungen vertraut worden wäre. Stellt euch nun vor, dass die Regierung die

16 Wir danken Enora Chopard von *La Déroute des Routes* für diesen Hinweis.

> 400.000 Euro pro Tag (die Kosten der Militäroperationen) dafür bereitstellt, den gegenwärtigen Flughafen von Nantes zu demontieren und ihn in Wälder, Heckenlandschaften und Feuchtgebiete umzuwandeln […]. (Servigne 2018, 142 ff.)

»Imaginez« – Stellt euch vor: Entgegen einem realistischen Pessimismus, der auch vielfach (und vielfach zu Recht) in aktivistischen Milieus vorherrscht, ist diese hoffnungsfrohe Anleitung zur kreativen Imagination von jemandem, der sich immerhin mit dem notwendigen Untergang der bestehenden Strukturen beruflich beschäftigt, leitend für unser Projekt. Es ist einfach, Träumereien dieser Art privilegierte Naivität vorzuwerfen, doch wir glauben, dass es gerade solche unrealistischen – eben utopischen – Hoffnungshorizonte braucht, um das Narrativ der Alternativlosigkeit des Status quo auch außerhalb weniger Nischen aufzulösen. Gegen den herrschenden Pessimismus wollen wir uns mit wahnwitziger Hoffnung wehren. Dies können wir beide als Autor*innen vielleicht auch deswegen, weil wir einen gewissen Abstand haben, um hoffnungsfroh denken zu können (so waren wir etwa nicht von den gewaltvollen Polizeiräumungen in der ZAD betroffen und sind auf dieser Ebene einigermaßen traumafrei). Uns interessiert die heute leider großteils (noch?) spekulative Frage: Was, wenn progressive Akteur*innen mit politischer Macht innerhalb des Staates das ungeheure Potential der ZADs erkennen und fördern würden?

Der Staat in seiner bestehenden Form wird nicht morgen und wohl auch nicht übermorgen verschwunden sein. Auch wenn sein Verschwinden als Langzeitziel wünschenswert sein mag, erscheint es uns notwendig, mehr an kurz- und mittelfristigen Bündnissen zwischen Bewegungslinken und progressiven Akteur*innen innerhalb der staatlich-kapitalistischen Ordnung (in u.a. Parteien, Gewerkschaften, Justiz, Verwaltung, Universitäten, Medien, Ministerien und staatlichen Behörden) zu arbeiten. So könnte der unseres Erachtens unproduktive Gegensatz zwischen revolutionären Strategien (die auf die Abschaffung des ganzen staatlich-kapitalistischen Systems aus sind) und reformistischen Strategien (die auf den Umbau bestehender Institutionen und Rechte aus sind) aufgelockert werden, um *Fortschritte* zu machen.[17]

Dabei ist die spekulative Logik des »Was wäre wenn?« von großer Bedeutung, und die ZAD bildet für uns hierfür ein aufregendes Modell von Szenarien eines nachhaltigen Abbaus der umweltzerstörerischen Strukturen der bisherigen staatlichen Ordnung. So wie man einen bestehenden Atommeiler oder einen großen Staudamm nicht von heute auf morgen einfach durch reinen Aktivismus verschwinden lassen kann, wird sich wohl auch der Staat – oder die gefährlichen Elemente im Staat – nicht von heute auf morgen in Luft auflösen. Es wäre möglich (und einfacher), im Sinne einer zukunftserhaltenden Politik, wenn wir das im Staat angesammelte Wissen von Ingenieurwesen, Rechtsapparat und Bürokratie fruchtbar machen könnten, anstatt ihm nur in Grabenkämpfen gegenüberzustehen. Zum Glück gibt es dafür schon einige Ansätze, die sich verstärken und fördern ließen. So gibt es in manchen Nationen auch bereits Staatsbeamte oder -angestellte, die sich der Demontagearbeit der schlimmsten ökologischen Umweltsünden in Form von (manchmal) gut bezahlter Arbeit annehmen: sei es – um nur zwei Beispiele von vielen zu nennen – beim Abbau von

---

17 Dieser Begriff ist bei vielen Linken zur Zeit sehr umstritten, weil er mit linearen und totalitären Geschichtsmodellen in Verbindung gebracht wird. Doch glauben wir, dass man nur aus der Lähmung der Alternativlosigkeit herausfinden kann, wenn man mal definiert, wo es hingehen soll – und dieser Fortschritt, den wir hier skizzieren, hat viel mehr die Form eines pragmatischen und wendigen Bündnisses als den einer geschichtlichen Gesetzmäßigkeit.

Atomkraftwerken oder bei der Renaturierung von zubetonierten Industriegegenden. Die ZAD erscheint uns als ein vielversprechendes Modell, den notwendigen Abbau von bisher alternativlos erscheinenden, aber als tödlich erkannten Strukturen weiter voranzutreiben. Die rechtliche und finanzielle Förderung von autonomen Zonen, die andere und nachhaltigere Lebensweisen entwickeln, wäre eine konkrete Form, wie progressive Akteur*innen in der bestehenden Ordnung diesen Abbau unter einfacheren Bedingungen ermöglichen und damit öffentlich fördern können. Dabei würden auch tieferliegende Strukturen der toxischen Gesellschaftsstruktur abgebaut werden, wie z.B. die heteronormative Kernfamilie, das Monopol von Privateigentum, die Lohnarbeit und die damit verbundene Entfremdung von selbstorganisierter sozialer Sicherheit und Subsistenz in Form von Lebensmittelproduktion und gerechter und gesamtgesellschaftlich verteilter Sorgearbeit.

In dieser Perspektive der Formulierung einer neuen Förderpolitik lässt sich das etwaige Ziel der totalen Staatsauflösung, nach der viele Autonome letztendlich streben, zugunsten eines breiteren Bündnisses hintanstellen. Das endgültige Ziel kann man erst einmal offen lassen. Denn wenn die ersten Schritte unternommen sind, werden die nächsten notwendigen sicher auch viel klarer erscheinen. Wie es die Zapatistas sagen: »Fragend gehen wir voran« – ohne die finale Destination als allgemeinen Konsens eines fortschrittlichen Bündnisses kennen zu müssen.

Also: *Progressive Akteur*innen aller Couleur, vereinigt Euch!* Auch um den allerorts wachsenden Faschismen eine progressive Gegenerzählung einer wirklichen Alternative zur bestehenden Ordnung entgegenzusetzen. Denn die Unzufriedenheit und Frustration mit der herrschenden Ordnung ist so groß, dass das Vertrauen in Staat, Politik und Parteien auf eine gefährliche Weise zu erodieren droht. Wenn es nicht gelingt, glaubhafte linke und emanzipatorische Ziele zu formulieren, an denen sich eine progressive Richtung der etablierten Politik orientieren kann, droht die Gefahr eines Faschismus, der wohl auch die kleinste Keimzelle einer alternativen Welt erbarmungslos vernichten würde.

Auch wenn es bisher noch keine politische Partei gibt, die auch nur daran denken würde, sich ein solches Projekt auf die Fahnen zu schreiben, gibt es immerhin schon eine zunehmende Zahl diverser Stimmen von etablierten und staatliche Ämter bekleidenden Intellektuellen, die das große Potential von autonomen Zonen wie der ZAD erkennen und würdigen. Prominente Beispiele aus Frankreich sind die Soziologen und Anthropologen Bruno Latour und Philippe Descola oder die Prix-Goncourt-Preisträgerin Virginie Despentes, die sich in ihrer Solidaritätserklärung mit der ZAD ohne falsche Allüren als »Kollaborateurin und Profiteurin des Systems« bezeichnet. Auch wenn sie »das Flugzeug nimmt« und persönlich »vom totalitären System, mit dem sie kollaboriert, zu gut behandelt wird« (Despentes 2018, 29ff.), als dass sie sich vorstellen könnte, sich in der ZAD niederzulassen, sieht sie deren großes Potential in einer Welt, die immer mehr Prekäre und Ausgestoßene produziert. Gerade weil immer klarer wird, dass diese Welt für die allermeisten keine lebbare und angenehme Zukunft mehr bereitstellt, sei es wichtig, die als »Forschungsarbeit« bezeichnete Praxis der Aktivist*innen zu unterstützen. Die Zadist*innen werden von Despentes als »Forscher*innen« gewürdigt, und man könnte sich – als Staat – davon ausgehend fragen, ob man diese Forschungsarbeit an der Zukunft nicht auch finanziell vergüten kann. Anstatt mit der Boulevardpresse zu skandalisieren, dass viele Zadist*innen staatliche Unterstützung in Form von Arbeitslosengeld beziehen, obwohl sie doch Anarchist*innen sind, können sich progressive Akteur*innen, die sich innerhalb der staatlichen Ordnung befinden, fragen: Wie können wir diese

Arbeit, die in der ZAD stattfindet, noch viel mehr würdigen als mit der Auszahlung des Existenzminimums?

Zwei Probleme liegen bei dieser Frage auf der Hand: Einerseits begibt sich der Staat, solange er sich noch als Einheit begreift, in einen Widerspruch, wenn er Handlungen fördert, die gegen rechtsstaatliche Normen wie das Eigentumsrecht etc. verstoßen. Andererseits muss auch die kritische Frage gestellt werden, ob eine finanzielle Entlohnung der in der ZAD getätigten Arbeit nicht letztlich auch das herrschende Wertregime (»Wertvoll ist das, was viel Geld kostet«) unterstützen würde, das doch eigentlich zu überwinden wäre. Um diesen beiden Widersprüchen zu entgehen, müsste eine emanzipatorische Politik also sowohl angepasste Eigentums- und Nutzungsrechte als auch neu ausgerichtete Wertzuschreibungen für die neuen Formen der politisch-gesellschaftlichen (Sorge-)Arbeit entwickeln. Unsere Strategie des *Durchlöcherns des Status quo* skizziert, wie autonome Zonen gefördert und neu in Wert gesetzt werden können. Dadurch hoffen wir, die bisher blockierenden Widersprüche der bestehenden Ordnung in eine produktive Bewegung zu bringen.

7 Doppelstrategie. Minoritäre Utopien mehrheitstauglich machen

Wie also können die genannten Widersprüche produktiv bearbeitet werden, wenn sie sich nach allen lebensweltlichen, politischen und theoretischen Erfahrungen vorerst nicht auflösen lassen? Wir schlagen vor, sich von sozialen und intellektuellen Praktiken leiten zu lassen, die versuchen, an den verschiedenen Widersprüchen nicht aufzulaufen und sich an ihnen nicht aufzureiben, sondern sie in eine neue, vorwärtstreibende, selbstermächtigende Konstellation zu bringen. Diese Haltung wurde in jüngerer Zeit von vielen Autor*innen kultiviert und firmiert zurzeit oftmals unter dem von Donna Haraway (2016) geprägten Motto »Staying with the trouble«. Dabei geht es weniger darum, ideologische Differenzen zwischen verschiedenen weltanschaulichen Lagern zu leugnen (anarchistische, radikaldemokratische, marxistisch-leninistische, spontaneistische, insurrektionistische, operaistische, sozialistische usw.), sondern darum, diese Differenzen aufzuweichen und zu vermitteln. Von besonderem Interesse ist dabei für uns das Verhältnis zwischen anarchistisch-radikaldemokratischen Ansätzen und radikal-reformistischen Ideen eines »progressiven Etatismus« (Hirsch 2017). Suchen erstere, prinzipiell staatskritisch und anti-etatistisch, ihr Heil in einer konstituierenden Gegenmacht sozialer Bewegungen von unten, so unternehmen zweitere eher den Versuch, den rechtsstaatlichen und parlamentarischen Apparat der Institutionen fortschrittlich umzuprogrammieren.

Die klassische Opposition zwischen diesen beiden Polen ist ein zentrales Entwicklungshemmnis für fortschrittliche Ideen und Bewegungen der jüngeren Gegenwart. Die Produktivität und Dynamik, der Erfindungsreichtum sozialer Bewegungen in den letzten Jahrzehnten, die »konstituierende Macht« (Negri 1997/2025) bricht sich mangels kluger Vermittlungen letztlich immer wieder an der verfassten, konstituierten Macht der rechtsstaatlichen, parlamentarischen und exekutiven Institutionen des Staates. Dadurch ist sowohl in der intellektuellen Debatte als auch in der Politik eine auf Dauer unproduktive Opposition entstanden, mit allen unangenehmen und sterilen Ausprägungen von Lager- und Sektenbildung, Splittergruppen, Unvereinbarkeiten und Feindschaften aller Art auf allen Seiten. Hier sehen wir eine der wichtigsten Ursachen für die Lähmung der politischen Linken in der Gegenwart – und wollen stattdessen eine andere Hypothese, ein Gedankenexperiment aufstellen: »Was wäre wenn?«

Hierbei kann man sich durchaus schon auf intellektuelle Diskurse der jüngeren Gegenwart beziehen. So ist zum Beispiel vor einiger Zeit im deutschsprachigen Raum der Begriff der Mosaiklinken aufgetaucht. Er skizziert Ansätze eines sehr breiten und bunten Bündnisses verschiedener progressiver Kräfte. Vor allem aber beschwört er ein solches Bündnis als einzig möglichen Ansatzpunkt für fortschrittliche Entwicklungen. Alexander Behr hat diese Ideen als Teil einer »Doppelstrategie« oder »solidarischen Arbeitsteilung« beschrieben (Behr 2022). Er sieht eine fortschrittliche Arbeitsteilung, da sich die Mosaiklinke einerseits aus sozialen Bewegungen »von unten«, andererseits aus organisierten, institutionalisierten politischen Akteuren »von oben« zusammensetzt. Diese Annäherungen müssten in Zukunft noch erheblich verstärkt werden – linke Bewegungen und staats- oder rechtsförmige Kräfte noch viel mehr lernen, ihre ideologischen Differenzen aufzuweichen und strategische Partner*innenschaften einzugehen.

Solidarische Arbeitsteilung und Doppelstrategie, das würde konkret bedeuten: »Basisbewegungen, Zivilgesellschaft und NGOs, Gewerkschaften, fortschrittliche religiöse Communities, Journalist*innen, Kulturschaffende, Aktive an Universitäten und in progressiven Parteien können – bei aller Unterschiedlichkeit in der Wahl der Methoden und Ansätze – Synergien entwickeln und verlässliche Austausch- und Aktionsstrukturen schaffen.« (Behr 2022, 132)

Wichtig an diesem Gedanken ist nicht nur die Verknüpfung von eher »horizontalen«, bewegungsorientierten Strategien mit »vertikalen«, staats-, parteien- oder gewerkschaftsorientierten Ansätzen. Auch die Frage nach den Aktivist*innen, den Politiker*innen, also den Menschen selbst, die hinter diesen Ansätzen stehen, ist hier von großer Bedeutung: Erfolgreiche fortschrittliche Strategien werden in Zukunft nur noch dann entstehen können, wenn nicht nur die falschen ideologischen Segmentierungen und gegenseitigen Aus- und Abschließungen überwunden werden, sondern auch die lebensweltliche Segmentierung der unterschiedlichen beruflichen und sozialen Milieus. Eine solidarische Arbeitsteilung zwischen eher bewegungsorientierter und eher institutioneller Politik hat daher auch eine wichtige existenzielle und biografische Dimension. Sie stellt die Frage nach der *herrschenden Lebensweise:* Produktive Formen der Zusammenarbeit unterschiedlicher Akteur*innen postulieren eine Lebensweise, die dem vorherrschenden Zwang zur Spezialisierung und Professionalisierung der eigenen Existenz widersteht. Dadurch könnten zukünftig mehr und mehr Übergänge zwischen aktivistischer, parteipolitischer, journalistischer, künstlerischer, wissenschaftlicher und gewerkschaftlicher Arbeit nicht nur denkbarer, sondern auch lebbarer werden (vgl. Hirsch 2022).

Ähnlich wie Alexander Behr schlägt auch Paul Sörensen in seinem Buch *Präfigurative Politik* eine Doppel- oder Bündnisstrategie von radikaldemokratisch-anarchistischen und radikal-reformistischen Akteursgruppen vor. Präfigurative Politik wird von ihm als ein »antizipatorisches Bildgebungsverfahren« von Beziehungsweisen, Institutionen und Organisationsformen definiert, das die Differenz zwischen dem konkreten Hier und Jetzt der Gegenwart im kleinen Maßstab (wie sie für den Anarchismus prägend ist) und einer möglichen anderen gesamtgesellschaftlichen Zukunft überbrückt. Das Präfigurative ist dabei zugleich »Vor-Abbild« veränderter sozialer Strukturen in der Zukunft und »Vor-Bildung« oder Erziehung der Subjektivitäten im Heute (Sörensen 2023, 23–24). Am Ende seines Buches, in dem er versucht, anarchistische, kommunistische und marxistische Ansätze synergetisch zu denken, stellt Sörensen dann auch die Frage nach einem »Scaling-Up des Präfigurativen« (Sörensen 2023, 143). Wäre es möglich, die notwendigerweise erst einmal lokalen, mikropolitischen Modelle präfigurativer Politik auf eine größere Ebene zu übertragen? Sörensen formuliert die für uns erkenntnisleitende Herausforderung so:

> So wichtig – und aus transformationstheoretischer Perspektive unerlässlich – präfigurative Praktiken als Bildgebungsverfahren in zweierlei Hinsicht sind, so sehr muss eine an nachhaltigem und über den eigenen Tellerrand hinausreichendem Wandel interessierte Position wohl auch beständig auf ihr Größer- und bestenfalls Majoritärwerden insistieren – und dazu die Verbindung mit anderen, auch vertikal orientierten Strategien in Betracht ziehen. Denn selbst wenn man sich nicht einem positivistischen, allein an Staat und Regierungsämtern ausgerichteten Maßstab politischen Erfolgs verpflichtet weiß, so ist auf Grundlage empirischer Befunde doch zumindest eine gewisse Skepsis hinsichtlich der Durchschlagskraft von bloß auf vorbildlicher Attraktivität gründenden Transformationsbemühungen angebracht. (Ibid., 144)

Könnte man die bisher eher duale und starre Opposition von Staat und Anti-Staat/zivilgesellschaftlichen Bewegungen wieder verflüssigen, und wenn ja, wie? Wie und was könnte »der Staat« von den radikalen (und weniger radikalen) Aktivist*innen und sozialen Bewegungen lernen? Und was könnten umgekehrt diese von den Rechts- und Staatsformen lernen? Einen vielversprechenden Ansatzpunkt für diese Fragen sehen wir in der Weiterentwicklung des Eigentumsbegriffs nach Vorbild von Gemeingütern und Commons, den wir in Kapitel 13 anhand der ZAD genauer ausführen werden. Ein weiterer Ansatz ist die Frage nach der materiellen Subsistenz, dem konkreten Lebensunterhalt von Aktivist*innen und ehrenamtlich tätigen Menschen – also der Schaffung von Sicherheiten. Gäbe es eine Möglichkeit, ihre Arbeit zur sozialen Reproduktion des Gemeinwesens und der Überlebensbedingungen auf diesem Planeten sowohl symbolisch als auch materiell zu unterstützen und (besser) zu honorieren? Die Beispiele der Gleichstellungs- und Familienpolitik sowie der Landwirtschaftspolitik sind hier aufschlussreich: Hier wie dort werden seit einiger Zeit gewisse (noch längst nicht ausreichende) Unterstützungen für soziale oder ökologische Care-/Reproduktionsarbeit gezahlt, zum Beispiel in Form von Elterngeld oder Fördergeldern für die ökologische und schonende Bewirtschaftung von Böden. So unterschiedlich diese Beispiele auch sein mögen, in beiden Fällen wird eine Arbeit staatlich honoriert, die von der Marktlogik nicht honoriert wird.

Das Zusammenspiel von Aktivist*innen, staatlichen Behörden und Institutionen würde von beiden Seiten eine Bereitschaft zur Akzeptanz einer gleichsam jeweils fremden Logik verlangen: Von staatlichen Institutionen und Behörden die Bereitschaft zur noch stärkeren Honorierung solcher nichtmarktwirtschaftlicher sozialer Beiträge, die heute noch nicht eindeutig als gesellschaftlich produktiv gelten (können). Von den Aktivist*innen wiederum würde es die Bereitschaft verlangen, ihre intrinsischen Handlungsmotivationen zu »verunreinigen« durch öffentliche oder »von außen« kommende Fördergelder und Anreizsysteme, deren Herkunft oftmals nicht mit den eigenen politischen Ideologien vereinbar ist. In Wirklichkeit gibt es diese Fälle des Zusammenspiels tatsächlich überall schon, nur werden sie eben nicht systematisch ausgebaut oder sind den Handelnden nicht wirklich vollständig bewusst. So etwa wenn (bildungs-)politische Aktivist*innen an Universitäten für ihre gesellschafts- und bildungskritische Arbeit ein Entgelt aus den Mitteln der studentischen Selbstverwaltung erhalten. Oder wenn aktivistische Gruppen, wie die deutsche *Letzte Generation* oder die französischen *Soulèvements de la Terre*, neben staatlicher Sozialhilfe auch massive finanzielle Unterstützung in Form von Spenden aus der Zivilgesellschaft erhalten – oder wenn manche ihrer Akteur*innen in (manchmal bezahlte) Beratungsfunktionen von politischen Ämtern geladen werden. Hier ist der psychologische Aspekt der finanziellen Entlohnung von Arbeit von Bedeutung: Geld ist eben nicht nur ein Zahlungsmittel, sondern auch ein Symbol der Wertschätzung und Anerkennung innerhalb der herrschenden Ordnung, an der wir alle teilhaben.

Auch wenn viele solcher hier beispielhaft angebrachten Zuwendungen nicht staatlicher Natur sind, kommen sie doch von einer Gesellschaft, die der Staat zu vertreten meint. Ähnlich wie niemals alle Mitglieder der Gesellschaft für – beispielsweise – den Bau einer Autobahn oder eine staatliche Bankenrettung sind und diese trotzdem vom kollektiven Reichtum (in Form von Staatshaushalt und Steuergeldern »aller«) bezahlt werden, könnte man argumentieren, dass die Zuwendungen für aktivistische Gruppen, denen eben auch nicht alle Aktivist*innen zustimmen, sich qualitativ davon erst einmal nicht unterscheiden. Daran zeigt sich, dass die staatliche Unterstützung auf vielerlei Weise arbiträr ist und das, was der Staat durch seine Förderpolitik als »kollektiven Willen« erscheinen lässt, stark von fossilen Kapitalinteressen verzerrt ist. Unser Ansatz ist es, die scharfe Trennung zwischen solidarischen Unterstützungsformen unserer Gesellschaft innerhalb und außerhalb staatlich legitimierter Strukturen aufzulösen. Dazu muss sich die herrschende Ordnung nicht nur dessen bewusstwerden, dass ihre Förderpolitik bislang großteils auf einem fossil-kapitalistischen Modell aufbaut, sondern auch mutige Schritte zum Umbau der Förderstrukturen hin zu nachhaltigen Modellen gehen. Die ersten Babyschritte dieser Transformation wurden auf beinahe allen Ebenen bereits unternommen – jedoch zumeist ohne einen gleichzeitigen Abbau des ökozidalen Status quo, so dass sie oftmals als »Greenwashing« diffamiert werden können. Eine mikropolitische Inspiration für ein radikales und kommunardisches Weiterdenken dieser Doppelstrategie ist für uns, neben der ZAD, das anarchistische Kommunenprojekt Longo Maï, welches sich trotz seiner staatskritischen Haltung der Illusion der vollständigen gesellschaftlichen Autonomie verwehrt und sowohl finanzielle Zuwendungen in Form eines solidarischen Spendennetzwerks als auch EU-Agrarförderungen annimmt.

Wo diese Haltung auf den ersten Blick für stramme Anarchist*innen widersprüchlich erscheinen mag, kann man auf einer höheren Ebene einen klugen Pragmatismus erkennen, der sich nicht von einer Gegenhaltung zum Bestehenden lähmen lässt, sondern die herrschenden Strukturen und ihre Fördermittel ausnutzt und als utopisches Potential gegen sie selbst wendet. Denn der Anarchismus der mutualistischen Ausprägung will ja letztendlich ein Mehr an gesellschaftlicher und gegenseitiger Hilfe. Man könnte aus dem Blickwinkel von Longo Maï die staatlichen und europäischen Förderungen als eine »primitive« oder noch schlecht umgesetzte (weil hierarchisch und bürokratisch verwaltete) Form der gegenseitigen Unterstützung sehen. Man nimmt diese Unterstützung an und versucht gleichzeitig, sie in weniger hierarchische und weniger kapitalistische Formen zu transformieren, die dann auch die aktuelle Schieflage zugunsten großkapitalistischer Agrarindustrie überwinden kann. In unserer Methodik eines strategischen Optimismus möchten wir über den Vorwurf einer grünen Kosmetik für die aktuell extrem ungleiche Verteilung der europäischen Agrarförderungen, die systematisch die großindustrielle, klimaschädliche Landwirtschaft begünstigt, progressiv hinweggehen. Der Vorwurf ist richtig, die daraus oftmals resultierende Haltung der absoluten Ablehnung erscheint uns strategisch aber unproduktiv. Selbst wenn wir uns in kleinen

Formationen schon viel weiter wähnen, müssen wir anerkennen, dass wir immer auch an einem größeren, weniger freiwillig gewählten gesellschaftlichen Kontext teilhaben. Wir sollten aus dieser nicht wirklich vermeidbaren Partizipation Bündnisse kreieren, die an der radikalen Umwertung des aktuellen Förderparadigmas zu nachhaltigen und ökologischen Praktiken mitwirken.

8 Binäre Gegensätze überwinden: Demokratische Entwicklung von oben und von unten

Die letzten Jahrzehnte haben unbestritten eine Regression der demokratischen Verfassungen in den Staaten des Globalen Nordens gesehen (Schäfer/Zürn 2021) – Ungleichheiten haben zugenommen, die demokratischen Partizipationsmöglichkeiten normaler Bürger*innen im Vergleich zu Oligarch*innen, Expert*innen und Lobbyist*innen sind weniger geworden, feministische Errungenschaften wurden teilweise zurückgenommen und rassistische Ausschlüsse verstärkt. Zur gleichen Zeit hat es jedoch auch eine weltweite Hochblüte populärer sozialer Bewegungen gegeben – sei es in der Form von Arbeiter*innen-, der FLINTA*-, Umwelt- und antirassistischen Bewegungen, Occupy, dem Arabischen Frühling und unzähligen weiteren Beispielen. Trotz all dieser progressiven Hoffnungsschimmer hat keine dieser Bewegungen bis dato den erwünschten radikalen Wandel, für den sie jeweils eingetreten sind, erreicht. Der Staat hat sich eher verhärtet und neoliberalen Reformen, massiver Prekarisierung und Sozialstaatsabbau Tür und Tor geöffnet. Bewegungen überall auf der Welt präfigurieren die besseren Welten von morgen, doch nirgends findet sich bisher eine staatliche Form, die diesen wortwörtlich überlebenswichtigen progressiven Impuls aufnehmen kann. Dies erzeugt massiven Frust und Zynismus, welcher leicht in Ressentiment umkippen kann. Faschistische Bewegungen wie jene des Trumpismus wissen von dieser Affektlage am besten Gebrauch zu machen, indem sie die berechtigte Frustration gegenüber den staatlichen Strukturen in blanken und undifferenzierten Hass gegen alles, was staatlich ist, umwandeln. Um dieser gefährlichen Erzählung des Staates als Ausgeburt des Bösen etwas Progressives entgegenzusetzen, ist es selbst für den Staat ablehnende Anarchist*innen wichtig, sich daran zu erinnern, dass die Durchlässigkeit des demokratischen Staates für populäre und minoritäre Bewegungen ja der eigentliche progressive Sinn der modernen republikanischen Verfassung ist. Dies entspricht jedenfalls der radikal-progressiven Interpretation der deutschen und österreichischen Verfassungen in der Tradition der staatsrechtlichen Linken im 20. Jahrhundert. Hermann Heller in der Weimarer Zeit, Carlo Schmid und Wolfgang Abendroth in der Gründungsphase der Bundesrepublik und Ingeborg Maus seit den 1970er Jahren vertraten die Position, dass der demokratische Rechtsstaat sich über seinen bloß formalen Charakter (wo er als demokratischer Staat einer noch undemokratisch verfassten Wirtschaft und Gesellschaft abstrakt entgegensteht) hinausentwickeln muss. In dieser radikal-reformistischen Vision nimmt sich der Staat zurück und dient staatliches Recht nur noch der Förderung demokratischer Selbstorganisation (Maus 1992).

Der eigentliche Sinn der gegenwärtig staatlich verfassten Demokratie liegt dieser Position zufolge also darin, die Demokratie als noch längst nicht voll entfaltetes Projekt zu verstehen, welches sich nur durch die Protestbewegungen außerhalb der etablierten Formen beleben und erneuern kann. Diese Auffassung von radikaler Demokratie erfordert es, dass die staatlichen Institutionen maximal offen werden, damit all jene, die nicht zu den Herrschenden gehören, sie für ihre Interessen in Dienst nehmen können. Folgt man dieser in der Gründung unserer verfassungsrechtlichen Tradition eingeschriebenen progressiven Richtung konsequent, würde diese »Durchlöcherung« oder »Durchlässigmachung« des Staates den Prozess der real existierenden Oligarchie umkehren, der der herrschenden Ordnung eingeschrieben ist und in dessen Rahmen die staatlichen Institutionen hauptsächlich für die partikularen Interessen der Herrschenden in Anspruch genommen werden. Diese Öffnung kann sogar so weit gehen, dass die Demokratie irgendwann gar nicht mehr (das wäre die Utopie von Kilian Jörg) oder zumindest immer weniger (das wäre die Utopie von Michael Hirsch) auf die staatliche Form ihrer Institutionen angewiesen ist. Stattdessen könnten sich fluidere und horizontalere Varianten von neuer und radikalerer Demokratie entwickeln, die wir in Kapitel 16 und 17 weiter ausführen werden.

Die ZAD kann dabei als Modell und Denkanstoß für eine produktive Allianz anarchistischer und radikal-reformistischer Ansätze dienen, wie Bruno Latour in seinem Beitrag zur Diskussion um die ZADs unter dem Titel *Wie die ZAD dem Staat eine gute Lektion erteilt* argumentiert. Latour insistiert auf der Notwendigkeit, die zwei Logiken miteinander zu verschränken, anstatt sie unauflöslich einander gegenüberzustellen: die kreative, instituierende Logik »von unten« auf der einen Seite, die versucht, gemeinsam die Commons wiederherzustellen – und die bereits institutionalisierte rechtsstaatliche Logik »von oben« auf der anderen Seite.

> Die Gefahr läge darin zu glauben, dass man darauf verzichten könnte, überhaupt Institutionen zu errichten, was gleichbedeutend damit wäre, zu wenig vom Staat zu erwarten, nach-

> dem man lange Zeit viel zu viel von ihm erwartet hatte. (Latour 2018, 99)

Latour warnt also davor, die ungenügende Logik des reinen Etatismus (vom Staat zu viel erwarten) mit der ebenso zu kurz greifenden Logik des Anti-Etatismus (vom Staat nichts erwarten und ihn als reinen Feind hypostasieren) zu beantworten:

> Alleine ist der Staat blind und taub. Aber ohne ihn kann man weder Bestand haben noch das Gemeinwohl auf der nächsthöheren Ebene herbeiführen, für das der Staat gewissermaßen das Archiv und das institutionelle Gedächtnis darstellt. (Ibid.)

Latour weist hier auf einen zentralen Aspekt des gesetzten Rechts hin – seine Zeitlichkeit und Dauerhaftigkeit. Ohne rechtliche Absicherung würden viele politische Errungenschaften, Ergebnisse und Erfolge den Moment ihres Entstehens kaum überdauern. Sobald die initiale Energie z. B. einer politischen Aktion verflogen ist, würden alle neu geschaffenen Experimente räumliche wie zeitliche Ausnahmen bleiben, im Modus von konkreten Utopien und Heterotopien, ohne Verkettung mit der übrigen gesellschaftlichen Raumzeit. Unter der herrschenden Ordnung ist diese rechtliche Absicherungsform eine wesentliche mittelfristige Perspektive und Notwendigkeit, die man dem Staat abringen muss, um die Demokratie von den Bewegungen aus weiterentwickeln zu können. Denn ohne die Duldung des Staates wäre wohl auch die ZAD mittlerweile ein verwüstetes Feld, darüber ist sich die Mehrheit der Zadist*innen heute einig (siehe auch Kapitel 14). Zwar mag die langfristige politische Perspektive die weitere Durchlöcherung und schließlich Auflösung der Staatsform hin zu gesünderen und besseren Absicherungsformen sein. Mittelfristig muss die Strategie aber die Infiltration und Durchlöcherung des Staates von innen her sein, um Chancen auf Veränderung zu haben – denn mit bloßer Gewalt und Macht von unten wird sich kaum etwas gegen die militärisch hochgerüsteten Polizei- und Überwachungsstaaten der Gegenwart ausrichten lassen.

Auch im Fall der Aneignung von administrativen Begriffen zeigt sich, wie binäre Gegensätze in Frage gestellt werden können. Denn ZAD bedeutete ursprünglich *Zone d'Aménagement Différé* (»Bauerwartungsland« oder »Zone mit aufgeschobener Planung«), das ist ein offizieller Begriff der staatlichen Bürokratie und ihres Planungsrechts, der zumeist die Enteignung von kleinbäuerlichen und anderen Strukturen zugunsten von »staatsrelevanten Infrastrukturen« (zumeist fossil-kapitalistischer Natur) ermöglicht. Die Zadist*innen eigneten sich diesen staatlichen Begriff von unten an und kehrten ihn in sein Gegenteil um – mit so durchschlagendem Erfolg, dass sie die Deutungshoheit über den Begriff erlangt haben und heute bei ZAD fast alle an autonome Zonen denken. Wenn sich die Bewegung also diesen Begriff des Gegners aneignet und für ihre Zwecke benutzt (*Zone à défendre*!), dann setzt dieses *Hacking*, diese semantische Umdeutung eine wichtige Verschiebung des Begriffs und der Vorstellungen von Entwicklung und Planung in Gang. Der administrative Begriff der »Planung« war ja bisher fast schon wesensmäßig mit nicht nachhaltigen und meist nicht reversiblen Eingriffen in soziale und natürliche Ökosysteme verbunden – mit Abriss- und Aushubarbeiten, Vertreibungen, Landschaftszerstörung und Neubauten, kurz gesagt also einer extrem energie- und emissionsintensiven sowie eher undemokratischen Form von Entwicklung (die den Interessen der herrschenden oligarchischen Strukturen entspricht). Durch die Aneignung des staatlichen Terminus ZAD erhalten die Begriffe »Planung« und »Entwicklung« eine neue Stoßrichtung, die auf die Bewahrung und Schonung sowie auf die Neu- und Umnutzung vorhandener sozialer und natürlicher Ökosysteme ausgerichtet wird (Latour 2018, 94–95). Während es im Falle des alten, staatlich-administrativen Begriffs um im herrschenden Regime eindeutig messbare wirtschaftliche Wertschöpfung geht, fordert die ZAD von unten eine (nach den herrschenden Wertmaßstäben) noch weniger messbare, aber mittlerweile ebenso evidente Form der Entwicklung hin zu nachhaltigen Sorge-Relationen mit einer bestimmten Umwelt. Dieser neue und noch minoritäre Begriff der »Planung von unten« namens ZAD ist auf (Bio-)Diversität und auf Sicherheit stiftende Formen des ökosozialen Zusammenlebens in der Klimakrise ausgerichtet. Die Lektion für und Aufgabe an den Staat liegt darin, endlich neue Wertregister zu entwickeln und zu fördern, die die Institutionalisierung solcher Impulse fürs zukünftige Gedeihen der planetaren Gesellschaften in Bewegung bringen kann.

Durch die Aneignung des ZAD-Begriffs lehnen die Zadist*innen also nicht nur den zentralstaatlichen Entwicklungsbegriff ab. Sie schaffen auch materiell und aus der Bewegung die Vorbedingungen für ein anderes, zukunftsfähigeres und radikal demokratisches Modell der Entwicklung von unten. Im Mittelpunkt stehen dabei nicht nur die demokratische Selbstorganisation und die nachhaltigere Bewirtschaftung der natürlichen und menschlichen Ressourcen, sondern auch die Schaffung von neuem Überfluss und gesellschaftlichem Zusammenhalt, der sich durch Hoffnung, Freude und solidarische Inklusion definiert. Theoretisch sieht ja heute bereits fast jede*r die Notwendigkeit solcher alternativer Entwicklungsmodelle ein. Doch wenn weiterhin die Lohnarbeit, das ökonomische, soziale und kulturelle Kapital, sich nur in der »alten Welt« generieren lassen, führt dies zu einer Zerrissenheit zwischen zwei Welten, die leicht zu Zynismus, Frustration oder Defätismus verführen kann.

Während die in rein kapitalistischen Kategorien gedachte Entwicklung heute kaum noch plausibel erscheint, scheint durch das Entwicklungskonzept einer ZAD von unten eine alternative Form von Fortschritt, die eine Strahlkraft als neues gesamtgesellschaftliches Projekt entwickeln könnte. Hierbei ließe sich ein nachhaltigerer Begriff von Entwicklung und Fortschritt prägen, der über bloße Opposition und Widerstand gegen den Status quo weit hinausreicht. Damit die ZAD nicht nur ein regional beschränktes Hippie-Unternehmen bleibt, ist nicht nur ein Minimum an rechtlicher Duldung und Institutionalisierung, sondern auch die Neubesetzung von Begriffen (wie eben beispielsweise Fortschritt) entscheidend – Neubesetzungen, die bisherige Hierarchien und Dichotomien durchkreuzen. Wenn also das alternative und nachhaltige Entwicklungskonzept der ZAD so plausibel in die Gesamtgesellschaft implementiert wird, dass fast alle in ihr die Aktivitäten »dieser Hippies« als Arbeit identifizieren können, die sogar einen höheren Wert im Sinne von nachhaltiger Entwicklung schafft, kann dies als Anreiz dienen, in diese Art der Fortschrittlichkeit überzusiedeln. Dann endlich ist auch ökologisches Handeln nicht mehr nur ein Verzicht gegenüber dem bestehenden Wertregime und seinen Szenarien von Entwicklung, sondern ein fortschrittliches, begeisterndes, vielleicht sogar euphorisierendes Projekt. *Zadisieren wir die Welt!*

9 Politischer Aktivismus und zivilgesellschaftliche Arbeit: Drinnen und draußen zugleich

Die politische und volkswirtschaftliche Problematik besteht nun darin, dass bei den bisher noch vorherrschenden Begriffen von Fortschritt, Entwicklung und Raumplanung sichtbare Gewinne in Form von Arbeitsplätzen und unmittelbaren Profiten – für zumeist wenige – zu Buche schlagen. Im nachhaltigen Entwicklungsbegriff, wie er in der ZAD zum Vorschein kommt, liegt dagegen eine Form von sozialer und ökologischer Sorgearbeit, die Stefania Barca als »earthcare labour« bezeichnet (Barca 2020). Also eine Care-Arbeit für die Erde und Umwelt, die im Rahmen der gegenwärtig vorherrschenden Belohnungs- und Anreizsysteme (noch) nicht vergütet wird. Bislang existiert immer noch ein »hierarchischer Dualismus zwischen Mehrwert produzierender Arbeit (innerhalb des Marktes) und Leben produzierender Arbeit (zum größten Teil, aber nicht nur, außerhalb des Marktes)« (Barca 2020, 29, 33). Ohne eine rechtsstaatliche oder auf andere Weise öffentlich institutionalisierte Anerkennung des Wertes, den ein zukunftsfähiges Fortschrittsprojekt schafft, kann diese Hierarchie letztlich nicht ausgehebelt werden. Die fortschrittliche Arbeit würde dann weiterhin nur als ein Phänomen der Nischen und Ränder der Gesellschaft erscheinen, denen von außen leicht Privilegiertheit, Borniertheit, Abgehobenheit, übertriebene Radikalität oder Naivität vorgeworfen werden kann.

Soziale, familiäre, kulturelle, politische und ökologische Sorgearbeiten sind in ihrer gesellschaftlichen Produktivität mittlerweile unbestritten (Dornberg 2023). Auch im konservativen Mainstream haben das Ehrenamt und die traditionell feminin gelesene Sorgearbeit einen hohen Stellenwert, wenn auch ihre kapitalistisch-patriarchalen Verstrickungen ungenügend reflektiert werden (die Verehrung der Mutterrolle, der Kult der *tradwives* etc.). Doch im Rahmen der gegenwärtigen symbolischen und materiellen Wertschätzungssysteme der bürgerlichen Gesellschaft wird diese essentielle Arbeit noch nicht angemessen gewürdigt, anerkannt und belohnt. Dies führt dazu, dass diese nach wie vor überwiegend im Rahmen von Selbstbeauftragung und Selbstausbeutung ausgeübt wird. Auf »rechter« Seite wird diese Art gemeinschaftlicher Sorgearbeit dann entweder zu einem Distinktionsmerkmal von Privilegierten, die es sich leisten können, oder aber zu einer zumeist weiblichen Rollenübernahme innerhalb patriarchaler Geschlechterstereotype (so sind zum Beispiel die berühmtesten *tradwives* auf Social Media Frauen sehr reicher Männer). Auf »linker« Seite führt die fehlende öffentliche Anerkennung von Protest- und Sorgearbeit leicht dazu, dass diese oftmals außerhalb der bürgerlichen Belohnungssysteme geschehen muss, was zu einer weiteren massiven Erschwerung und Prekarisierung dieser Betätigung führt. Diejenigen, die das natürliche, soziale, politische und kulturelle (Über-)Leben verteidigen und reproduzieren, werden dafür bisher oftmals gleichzeitig rechtlich und finanziell bestraft wie sozial gewürdigt.

Soll sich an dieser Konstellation etwas ändern, muss man über neue Formen der Förderung und Bewertung sozialer Praktiken nachdenken. Dabei geht es darum, den Begriff des Gemeinwohls immer wieder neu zu definieren, im Sinne von Bruno Latours oben angeführter These, dass der Staat bisher das Archiv und institutionelle Gedächtnis der Gesellschaft ist. In der Folge müssten die bürgerliche Öffentlichkeit und die staatlich verfassten Institutionen lernen, den Begriff der Sorgearbeit viel allgemeiner und über den engen Begriff der bürgerlichen Kleinfamilie hinausgehend zu fassen. Sorgearbeit würde dann auch ökologisch-soziale »earthcare labour« und die Solidarität queerer Verbände und *kinships* einschließen, die inklusive und offenere Gesellschaftsmodelle präfigurieren. Sie würde als eine Form der Arbeit anerkannt werden, die für die Reproduktion der Gesellschaft ebenso wichtig (ja tendenziell wichtiger) ist als die kapitalistische Lohnarbeit. Ein fortschrittliches Politikprojekt sucht nach neuen Möglichkeiten, diese Formen der Arbeit abzusichern und zu fördern. Solche Absicherungen können diverse Gestalt annehmen, die ein fortschrittliches Gesellschaftsprojekt demokratisch aushandeln muss. Unter anderem wäre eine Art pauschales zweites Gehalt (wie zum Beispiel bei der Idee des bedingungslosen Grundeinkommens) vorstellbar, das allen Bürger*innen, Kommunard*innen und Genoss*innen ein Auskommen sichert und also die Arbeit in Familien, Freundschaftsverbänden, Bürger*inneninitiativen und zivilgesellschaftlichen Vereinigungen aller Art ermöglicht. Eine weitere Strategie wäre das Projekt einer radikalen Arbeitszeitverkürzung mit Lohnausgleich für alle, um ebenfalls die beiden bisher wichtigsten Hindernisse für demokratisches bürgerschaftliches Engagement abzumildern: den gleichzeitigen Geld- und Zeitmangel der Mehrheit der Lohnarbeiter*innen. Weiterhin könnte ein Staat in Zukunft vielleicht sogar über Arbeitsbeschaffungs- und Infrastrukturmaßnahmen Leute anwerben, um eine ZAD zu gründen und also für die jeweilige Landschaft und ihre ökologischen Notwendigkeiten und Probleme transformatorisch Sorge zu tragen. Dies wäre dann ein ganz anderer Green New Deal als der im Mainstreamdiskurs vorherrschende. Ein Green New Deal, der kapitalismusfreie Zonen schaffen und zugestehen würde, weil politisch erkannt wurde, dass es diverse Wirtschafts- und Lebensweisen braucht, um gutes Überleben zu sichern. Es würden in diesem Sinne Zonen gefördert, in denen kommunale Allmenden wieder eingeführt werden und die Bewohner*innen für ihre Subsistenz nicht mehr (oder viel weniger) auf Geld angewiesen sind. Dann kann Sorgearbeit sich in ihren verschiedenen Formen ganz anders – und hoffentlich weniger patriarchal – reorganisieren. Schließlich könnte vielleicht sogar im Rahmen eines sozialen Pflichtdienstes, der in Deutschland über das bestehende System des Freiwilligen Sozialen Jahrs hinaus neu geschaffen, in Frankreich, Italien, der Schweiz und Österreich erheblich ausgebaut werden müsste, Gemeinwohl-Sorgearbeit öffentlich gefördert und belohnt werden.

Die Lektion, die die sozialen Bewegungen dem Staat heute erteilen, wäre nach Latour diejenige, dass Protest- und Sorgearbeit für eine zukunftsfähige Demokratie staatlich und öffentlich gefördert werden muss, wo sie bislang behindert und kriminalisiert wurde. Dies ließe sich in aktuellen Staatenkonfigurationen über das Sozialrecht, das Arbeits- und Tarifrecht, das Steuerrecht, das Stiftungsrecht, das Familienrecht usw. bewerkstelligen, darüber hinaus aber auch durch die intelligente Förderung von spontaner Selbstverwaltung, die dann möglich wird, wenn der Staat sich in bestimmten Bereichen zurücknimmt oder Bürokratie und planungsrechtliche Kontrolle abbaut. Dazu würde zum Beispiel die im Zuge der allgemeinen Wohnungsnot in vielen Ländern längst angelaufene staatliche Förderung selbstorganisierter, genossenschaftlicher, inklusiver und intergenerationeller Wohnformen gehören. Oder auch Überlegungen zu einer verstärkten Förderung selbstverwalteter, dem Zugriff des transnationalen Kapitals entzogener Industriebetriebe (wie zum Beispiel der seit der Schließung durch den Besitzer GKN 2021 von der Belegschaft besetzten Fabrik eines Autozulieferers in Florenz, deren auf ökologische Konversion ausgerichtetes Programm aber bisher aus offensichtlichen ideologischen Gründen weder von der Stadt Florenz, noch von der Region Toskana oder vom italienischen Staat für förderwürdig erachtet wird[18]).

---

18 Ein industriepolitischer Vorgang, der es inzwischen aus den

Damit würde endlich das anerkannt, was seit Jahrzehnten schon der Fall ist: Die wichtigsten Impulse für gesellschaftliche Erneuerung kommen nicht von Parteien oder Ministerien, Gewerkschaften oder Hochschulen, sondern aus sozialen Bewegungen und Zusammenschlüssen, die dem Staat und der kapitalistischen Gesellschaft gegenüber kritisch eingestellt sind. Das Resultat wäre wie angedeutet ein doppeltes: Der demokratische Staat erkennt die gesellschaftliche Produktivität politischer Aktivist*innen und sozialer Bewegungen an – und die politischen Aktivist*innen und sozialen Bewegungen werden »geerdet«, wie Ulrich Beck schon 1986 in seinem Buch *Risikogesellschaft* beschrieb (Beck 1986). Sie würden damit einen Teil ihrer heroischen Außenseiter- und Widerstandsrolle verlieren (ein Prozess, der bei den allermeisten Bewegungen, je länger sie aktiv sind, zumeist ohnehin von alleine geschieht). Gleichzeitig würden sie aber langsam eine öffentliche Anerkennung für ihre Arbeit erhalten, ohne dabei Kompromisse eingehen zu müssen, die in der Szene als faul oder zynisch gelten. Ihre Arbeit würde dann endlich als das erkannt werden, was sie schon länger ist: eine wesentliche, bis heute noch großteils untergründige Arbeit, die die spätmoderne demokratische Gesellschaft noch (halbwegs) am Funktionieren hält.

Es könnte so ein neuer Zivilisierungsschub des demokratischen Staates einsetzen: Nach einer historisch ersten Phase der Einführung von (begrenztem) Zensuswahlrecht im aufgeklärten Absolutismus, einer zweiten Phase von parlamentarisch-rechtsstaatlichen Monarchien (ebenfalls mit beschränktem Wahlrecht), einer dritten Phase von Republiken mit »allgemeinem und gleichem« Wahlrecht für alle inländischen Männer und (später) Frauen, mit Koali-

---

Nischen der linken Aktivist*innenszene bis in den bürgerlichen Mainstream geschafft hat, vgl. Sauer 2024.

tionsfreiheit für Gewerkschaften, allgemeinen Sozialversicherungssystemen und einer gesellschaftlichen Programmatik der gleichen politischen, sozialen und kulturellen Freiheit für alle, würde nun vielleicht eine historische *vierte Phase* entstehen. In dieser Phase würde eine auf Wohlfahrt ausgerichtete Demokratie eine neue, postpatriarchale und Postwachstums-Gestalt erhalten. Die reproduktive gesellschaftliche Leistung von Care-Arbeiter*innen (vormals zumeist: Frauen) und politischen wie kulturellen Aktivist*innen verschiedener Art würde als gesellschaftlich gleichwertig zur männlich codierten Lohnarbeit anerkannt werden. Diese neue Phase der Demokratie könnte den historischen Trend umkehren, in dessen Zuge sich das demokratische Potential des modernen Rechtsstaats zurückentwickelt hat. Doch dafür müssen neues Personal und neue Allianzen gewonnen werden. Große Teile der aufgeklärten Intellektuellen haben sich in jüngerer Zeit von der Arbeit in den zumindest potentiell fortschrittlichen Teilen des erweiterten Staatsapparates wie Parteien, Verwaltung, Justiz, Gewerkschaften, Schulen und Hochschulen eher zurückgezogen. Diese Bewegung gälte es umzukehren. Damit geht auch die Forderung einher, diese Strukturen insgesamt pluraler zu besetzen: nicht nur mit weniger etablierten Angehörigen der Mittelschicht, sondern auch mit Menschen, die als »Ausländer*innen« oder gar »Illegale« stigmatisiert werden, oftmals aber die unbeliebteste und gleichzeitig wichtigste Sorgearbeit einer Gesellschaft übernehmen (und damit auch die Kernkompetenzen für Zukunftsfähigkeit haben). Diese müssten so in die demokratischen und repräsentativen Apparate eingefügt und als Expert*innen des bislang missachteten Care-Sektors angesehen werden. Selbiges gilt für neurodiverse Personen und Personen mit körperlicher Behinderung, die wesentliches Wissen über die diskriminierenden und normalisierenden Aspekte der kapitalistischen Gesellschaft beisteuern können.

Jenseits der binären Oppositionen (Staat/Bewegung, Macht/Widerstand, konstituierte/konstituierende Macht usw.) geht es dann um eine ganze Reihe von Durchlässigkeiten, die zu erlauben, zu fördern und einzuüben sind: Durchlässigkeiten von Karrierewegen, Berufen und Institutionen; die Anerkennung von hybriden beruflichen Existenzen, die sowohl »drinnen« in den Institutionen als auch »draußen«, also außerhalb und gegen die Institutionen stattfinden. Das bedeutet dann auch, unsere Begriffe von Qualifikation, beruflicher Kompetenz und menschlichen Fähigkeiten neu zu denken und neu zu konfigurieren, um andere Lebenswege und Lebensverläufe denkbar und lebbar zu machen, damit die Einzelnen nicht dauernd vor tragischen Entweder-oder-Entscheidungen stehen. Dann würde zum Beispiel die Kandidatur der Menschenrechts- und Klimaaktivistin Carola Rackete als Parteilose für die Partei *Die Linke* bei den Europawahlen 2024 nicht mehr so sensationell erscheinen, wie sie in den Medien um den Jahreswechsel 2023/2024 herum aufgebauscht wurde. Dasselbe gilt für den Wechsel der im Zuge der Cum-Ex-Steuerprozesse bekannt gewordenen Kölner Oberstaatsanwältin Anne Brorhilker von der Justiz zur Bürgerbewegung *Finanzwende* 2024 (wo sie hofft, mit der basisdemokratischen Arbeit an progressiven Gesetzesentwürfen die Steuer- und Finanzkriminalität besser bekämpfen zu können als im Justizapparat). Seitenwechsel dieser Art würden in Zukunft vielleicht nicht mehr – wie heute noch oftmals – als Verrat erscheinen, sondern als ganz normaler Gestaltwandel von politischer und intellektueller Arbeit, die naturgemäß sowohl innerhalb als auch außerhalb der bestehenden Hegemonieapparate stattfindet.

Vielfalt, Erfahrungen im Kontext von privater und sozialer, politischer oder ökologischer Sorge-, Organisations-, Protest- oder Kampagnenarbeit (also Pausen oder Lücken in der Erwerbsbiografie) dürften in Zukunft nicht nur kein

Einstellungs-, Karriere- oder Beförderungshindernis mehr sein. Sie könnten vielmehr ein beruflicher und gesellschaftlicher Vorteil werden. Das würde nicht nur die Vergabe von Arbeitsstellen im öffentlichen Dienst oder Karrieren in Parteien betreffen, sondern auch bereits die Vergabe von Studienplätzen: Formale Bildungsqualifikationen wie Schulabschlüsse stellen dann nicht mehr den nahezu einzigen Zugang zum Hochschulstudium dar, sondern werden ergänzt durch Erfahrungen in zivilgesellschaftlicher, politischer, kultureller, ökologischer und sozialer Sorgearbeit. Das könnte zum Beispiel bedeuten, dass das Bildungssystem so geöffnet wird, dass es die zahlreich vorhandenen Sharings, Workshops, Trainingscamps, Lernkreise, Lesezirkel etc., die es in aktivistischen und kulturellen Milieus ohnehin dauernd gibt (oftmals mit Besucher*innenmangel), offiziell als Bildung anerkennt. Sie würden dann als gleichwertig (im Zeugnis wie in der Bezahlung) neben den normalen Schulunterricht beziehungsweise neben die normalen, staatlichen schulischen Abschlüsse und Qualifikationen gestellt. Die zivilgesellschaftlichen Akteur*innen treten in dieser Perspektive neben die vitale und sehr diverse Szene der Freien Schulen. Diese sind zwar inzwischen etabliert, sie kämpfen aber mit denselben Problemen der rechtlichen Gleichstellung und ökonomischen Wertschätzung ihrer Bildungsarbeit wie die aktivistischen Szenen (vor allem was die Anerkennung der von ihnen vermittelten erweiterten Bildungskompetenzen betrifft, die immer noch am Quasimonopol des staatlichen Schulsystems auf Bildungspatente wie das Abitur auflaufen). So könnte sich die Bildung der Menschen langsam weg von jenem »eindimensionalen Menschen«, von dem Herbert Marcuse sprach, zu einer an die umweltlichen und sozialen Bedingungen angepassten Pluralität hin öffnen. Bildung würde nicht länger standardisiert von oben angeordnet, sondern als etwas verstanden werden, das sich Individuen frei und von ihren Begabungen und Interessen geleitet auswählen können. Zusätzlich würde eine solche Öffnung die vielfältigen Probleme des gegenwärtigen staatlichen Schulsystems (wie z.B. Lehrer*innenmangel) lindern.

Natürlich sind Gedankenmodelle dieser Art heute organisatorisch und rechtlich noch nicht leicht umzusetzen, weil sie der herrschenden erwerbsgesellschaftlichen und staatlichen Logik entgegenstehen. Der Vorzug unseres Gedankenmodells liegt darin, dass nichts Neues abstrakt erfunden werden muss. Vielmehr geht es darum, dasjenige systematisch sichtbar zu machen, anzuerkennen und aufzuwerten, was ohnehin massenhaft geschieht (und geschehen muss, damit es weitergehen kann). Es geht darum, die schon existierende, vielfältige, sich spontan und unter widrigen Bedingungen organisierende Care-Arbeit einerseits lebbarer zu machen für diejenigen, die sie bereits ausüben – und sie andererseits attraktiver zu machen für Menschen und Menschengruppen, die mit ihr bisher noch nichts zu tun haben oder sie sich nicht leisten können. Durch eine allgemeine Aufwertung und Anerkennung ließen sich vielleicht auch Ressentiments gegenüber nicht vergüteter Arbeit abschwächen, die wegen ihres Sinns insgeheim beneidet wird. Denn während gut bezahlte und sozial hoch angesehene Jobs oftmals sehr wenige Gefühle von Sinnhaftigkeit selbst bei den sie Ausübenden hervorrufen, sind die aktivistischen, illegalisierten und prekären Betätigungen diverser Sorgearbeiten oftmals sehr erfüllend. Dies führt leicht zu Neid gegenüber denjenigen, die es sich leisten können, sinnvolle Arbeit zu betreiben. Dieser Neid kann sogar zu klammheimlicher Freude über und Identifikation mit der staatlichen und polizeilichen Verfolgung solcher sinnhafter Tätigkeiten führen, wie David Graeber in seinem Buch *Bullshit Jobs* andeutet (das wir weiter später ausführlicher besprechen werden).

Ein grundlegendes gesellschaftliches Entwicklungsproblem ließe sich so vielleicht ein Stück weit auflösen: Denn mit der Arbeit für eine bessere Welt, für die Reproduktion des Lebens, kann man bisher fast kein Geld verdienen (und wenig Anerkennung erringen), ganz im Gegensatz zu jenen Formen von Arbeit, die langfristig die sozialen und ökologischen Grundlagen des Lebens untergraben. Daher stehen bislang alle aufgeklärten jungen Menschen nach dem Ende ihrer Ausbildung oder ihres Studiums vor einer tragischen Wahl, einer falschen, unerträglichen Alternative. Eine staatliche Anerkennung bisher nicht anerkannter Formen von Gemeinwohlarbeit könnte diese Tragik abmildern und die Widersprüche lebbarer machen – anstatt die Menschen wie bisher in der dauerhaften falschen Alternative von Zynismus oder Selbstaufopferung zu belassen.

10 Flucht in die Zukunft – ZAD als Modell

Wenn wir die Geschichte der Gegenwart und ihre Kämpfe so betrachten, dann werden jenseits des verhärteten Entweder-oder (Legalität oder Illegalität, drinnen oder draußen, oben oder unten, Staat oder Zivilgesellschaft) vielleicht noch einmal eine neue Dialektik und ein neues Narrativ entstehen: eine Utopie des *Und*, des *Sowohl-als-auch*. Für den Kampf um die kulturelle Hegemonie werden wir die unbestrittenen Niederlagen gegenüber der herrschenden Ordnung zur Kenntnis nehmen müssen, so wie auch, nicht zuletzt, die aktuellen Versuche der staatlichen Justiz- und Regierungsapparate, Ökoaktivist*innen wie jene der *Letzten Generation* oder der *Soulèvements de la Terre* zu kriminalisieren oder mit Berufsverboten zu drangsalieren.[19] Wir sollten daraus aber gerade nicht die fatalen Schlüsse ziehen und Grund zu intellektueller Resignation oder Hyperradikalisierung sehen. Stattdessen hat der intellektuelle Kampf um die öffentliche Meinung hier eine Schlüsselbedeutung und die Aktivist*innen eine besondere Verantwortung, da sie ja (wie zum Beispiel Jay Jordan und Isabelle Fremeaux oder die vielen anderen anonymen Kommentator*innen, auf die wir uns in diesem Buch beziehen) zugleich in vielen Fällen auch Intellektuelle sind und an der Produktion von Ideologie teilhaben. Diese Verantwortung erstreckt sich noch weiter, etwa auf involvierte Kommentator*innen, die nicht direkt an den Kämpfen beteiligt sind (im Falle der ZAD öffentliche Intellektuelle wie Bruno Latour, Virginie Despentes, Philippe Descola), aber auch auf unterstützende Politiker*innen. Wichtig ist das Bekanntwerden und Verdeutlichen einer auch im hegemonialen Diskurs immer wieder durchschillernden Utopie, die die Aura der Alternativlosigkeit des herrschenden Systems aufbrechen kann. Optimistisch eingeschätzt scheint dies gerade in Frankreich mit der ZAD zu gelingen. Mit Mark Fisher glauben wir daran, dass »sogar der kleinste Funke alternativer politischer oder ökonomischer Möglichkeiten eine überproportional starke Wirkung haben kann. Das kleinste Ereignis kann ein Loch in den grauen Vorhang limitierter Handlungsmöglichkeiten reißen, die bisher den Möglichkeitshorizont des kapitalistischen Realismus markieren. Aus einer Situation, in der nichts passieren kann, ist eine geworden, in der wieder alles möglich ist.« (Fisher 2020, 95)

---

19 Wie das zum Zeitpunkt der Drucklegung (Ende Januar 2025) gerade heiß diskutierte, erste deutsche Beispiel eines Berufsverbots für die Lehrerin Lisa Poettinger in Bayern, die sich klimaaktivistisch betätigt hatte. Hier zeigt sich eine sehr beunruhigende Tendenz, die sich hoffentlich nicht weiter verstärkt.

Die normative, gleichsam kontrafaktische, also gegen anderslautende Erfahrungen starkgemachte Annahme der Möglichkeit eines progressiven Etatismus oder eines progressiven Bündnisses zwischen innerstaatlichen und außerstaatlichen Akteur*innen ist dabei unabdingbar. Sie ist eine emanzipatorische Wette, ohne die die meisten sozialen, politischen und kulturellen Kämpfe mit Bezug auf den aufgeklärten gesellschaftlichen Mainstream marginal bleiben werden und nicht als wünschenswerter Fortschritt mit allgemeinerem Anspruch erscheinen können. Eine mögliche taktische Brücke zu dieser Sicht der Dinge stellen, wie ausgeführt, öffentliche, rechtliche und ökonomische Förderungen ehrenamtlicher Arbeit im Kontext von zivilgesellschaftlichen Vereinen, Assoziationen, Kommunen und Aktionsbündnissen aller Art durch das, was wir heute den Staat[20] nennen, dar. Diese Förderung wäre gleichsam ein Siegel für den Gemeinwohlcharakter solcher Tätigkeiten, eine staatliche Goldprobe. Bisher hat der moderne Nationalstaat ja primär den produktivistischen Kern der fossilen Industriegesellschaft unterstützt, durch Förderung von Verkehrsinfrastruktur, Schlafstädten mit Einfamilienhäusern, Pipelines, Bergbau, Fabriksubventionen, Industrieansiedlungen, industrieller Landwirtschaft etc. Dies mag zu einem gewissen historischen Zeitpunkt als berechtigt und gar fortschrittlich gegolten haben, ist inzwischen aber nicht nur überholt, sondern gefährlich. Aus diesem Grund müssen die Förder- und Anreizstrukturen vom Produktions- aufs Reproduktionsparadigma umgestellt werden.

Mit diesem Schritt würde man ein wichtiges gesellschaftliches Signal senden, dass nämlich die Schaffung und

20 Der ja – wie wir in Kapitel 15 ausführen werden – auch heute eher ein Patchwork aus Kommunen, Bezirken, Bundesländern, Staaten und überstaatlichen Institutionen ist als eine einheitliche Struktur im hegelianischen Sinne.

Erhaltung von gesamtgesellschaftlichen Werten, die einem Staat ja eigen ist (oder sein sollte), in Zukunft anders definiert wird. Den jüngeren Menschen, aber nicht nur ihnen, würden Subventionen und eine Art pauschaler Bürger*innenlohn für ehrenamtliche Arbeit eine biografisch-existentielle Brücke bauen zwischen dem bisherigen Arbeitsmarkt und dem perspektivisch viel größeren Feld der Gemeinwohlarbeit (in der zukünftig auch der bisherige Arbeitsmarkt integriert und geerdet wäre[21]). Der große Vorteil wäre, auf dieser Brücke immer wieder hin und her gehen zu können, anstatt sie nach ihrer Überschreitung mehr oder weniger hinter sich abreißen zu müssen. Und irgendwann entdeckt man vielleicht, dass es den Brückenbau gar nicht mehr braucht, weil der Graben verschwunden ist.

In Bezug auf die ZAD wäre die Metapher der Brücke vielleicht auch als eine Fluchtmöglichkeit aus den aktuell schwieriger werdenden Lebensverhältnissen in den Metropolen zu verstehen. So interpretiert Virginie Despentes die ZAD als Modell eines potentiellen Zuhauses für eine heterogene Gruppe von Stadt- und Kapitalismusflüchtigen:

---

21 David Graeber (2018b, 232-239 & 257) schlägt vor, eine Wirtschaft und ihre Gesellschaft nicht mehr primär an ihrer Produktion zu messen (wie dies Marxist*innen und ex negativo sogar Degrowth-Vertreter*innen tun), sondern stattdessen an ihrer Fähigkeit zum Sorgetragen. Misst man eine Gesellschaft an ihrer *Care*, ist unendliches Wachstum keine Bedrohung mehr, sondern ein utopisches Ideal. Außerdem würde unter diesem Perspektivenwechsel auch manche Produktion als *Care* erscheinen, andere als ihr Gegenteil. Beispiel: Wenn ich beobachte, dass viele Menschen täglich drei Stunden zur Arbeit laufen müssen, ist die Produktion eines Fahrrads/Autos/Busses eine Sorgearbeit; wenn ich als Großkonzern ineffiziente SUVs baue und durch Werbung unnötige Bedürfnisse danach produziere, ist das das Gegenteil von *Care* für die Gesellschaft und Umwelt.

> Es gibt potentiell hunderte von verlassenen ländlichen Gebieten. [...] Genau hier, in der von Notre-Dame-des-Landes eröffneten Bresche, scheint die Idee auf, dass es möglich ist, Räume für alternative Lebensweisen zu erschließen, und zwar nicht nur für die, die so oder so nicht mehr können, sondern auch für die Prekären von morgen. Denn für die Rentner*innen des kommenden Jahrzehnts [...] wird es keine Renten mehr geben. (Despentes 2018, 36)

Die Heterogenität der Gruppe der Prekären wird in Zukunft wohl weiter zunehmen. Insofern ist die ZAD ein Labor, wo Aussteiger*innen aus dem Bürgertum mit weit verletzlicheren Menschen eine Gemeinschaft bilden können, »die in der Gesellschaft normalerweise marginalisiert werden, wie Menschen mit Suchterkrankungen, Straßenpunks, Obdachlose und Migrant*innen. Es war sowohl eine Bereicherung als auch eine Belastung für die ZAD, dass es eine Zone offen für jede*n war – alle Arten von Menschen, die aus den verschiedensten Gesellschaftsschichten kamen [...].« (Gelderloos 2024, 151) Dies ist nicht nur ein Charakteristikum der ZAD Notre-Dame-des-Landes, sondern auch vieler ähnlicher autonomer Zonen.

Flucht wird oft als ein erzwungenes Aufgeben betrachtet, doch hier erscheint sie als Bedingung der Möglichkeit für ein gutes Leben von morgen. In diesem Sinne analysiert Philippe Descola, dass die ZAD ein Exempel einer solchen Flucht in eine lebbare Zukunft ist:

> Oft wirft man der Bewegung der ZAD vor, eine reine Fluchtreaktion zu sein, die den Rest der Welt so belässt, wie er ist. Aber die ZADs haben vor allem eine klar offensive Dimension. Sie behindern natürlich große staatliche Projekte, aber sie dienen auch als Basislager für Aktionen gegen das kapitalistische Ökosystem. Sie erlauben es, im eigentlichen und im übertragenen Sinn, bestehende Kämpfe zu nähren und neue Formen

> des Kampfes sowie neue Aktionsformen zu denken. Sie stellen alle möglichen Formen der logistischen und materiellen Unterstützung bereit, dienen als Treffpunkte, Orte des Rückzugs und der Versammlung, und vor allem, indem sie eine neue Welt entwerfen, indem sie durch ihre Handlungen eine andere Weise, die Erde zu bewohnen, ausarbeiten, tragen die ZADs dazu bei, neue Bündnismöglichkeiten zu enthüllen. [...] Ob man in einem Staat aus Notwendigkeit oder aus freier Wahl lebt, ist nicht dasselbe. Die Existenz einer Fluchtmöglichkeit, von Schutzinseln, würde der Bevölkerung – einschließlich derer, die in Wirklichkeit nicht die Absicht haben, in einer ZAD zu leben – eine Verhandlungsmacht zurückgeben, welche die klassischen Formen des Kampfes ihnen immer weniger gewährleisten. (Descola & Pignocchi, 131)

Dieser Gedanke ist von großer Bedeutung. Experimente wie die ZAD haben eine weit über sich selbst hinausstrahlende Wirkung, wenn man sie als politisches Modell im umfassenden Sinne zu verstehen weiß. Die Möglichkeit von Alternativen, die Existenz von Fluchtlinien verändert potentiell auch die Bedingungen und Spielregeln im konventionellen Raum der bürgerlichen Demokratie. Das traf auch schon auf den radikaleren Flügel der klassischen Arbeiter*innenbewegung mit ihren Organisationsformen, Streikkassen, Arbeiter*innenbildungsvereinen und genossenschaftlichen Wohnräumen zu. Man könnte sagen: Der klassische Anti-Etatismus radikaler sozialer Bewegungen und Experimente, einschließlich ihrer Theorien, ist für sich genommen ebenso einseitig wie der klassische Etatismus des bürgerlichen Mainstreams und die wiederum daran angeschlossenen Theorien. Will man neue Bündnisse und Bündnisformen fördern, dann braucht man Durchlässigkeiten auf beiden Seiten und in beide Richtungen. Und zwar sowohl auf der persönlichen Ebene des Habitus und der Handlungs- und Sprachgewohnheiten als auch auf der theoretischen Ebene der gesellschaftspolitischen und rechtsstaatlichen Weltanschauungen. Wenn die präfigurativen Praktiken von Protestbewegungen, Zusammenschlüssen und Kommunen weniger marginal und aufreibend als bisher werden sollen, dann brauchen sie mehr öffentliche und institutionalisierte Unterstützung. Und wenn die politischen, administrativen und gerichtlichen Praktiken des Staates durchlässiger für Demokratie von unten, also weniger bürokratisch, rigide und Status-quo-fixiert werden sollen, dann müssen sie der Erhaltung und Schaffung zukünftiger sozialer und ökologischer Bedingungen eines guten (Über-)Lebens verpflichtet werden.

In diesem Prozess der demokratischen Transformation, in dem das, was vorher irregulär oder sogar illegal war, fortan als förderwürdig bewertet wird, werden dann nicht nur Zuwendungen für freiwillig verausgabte menschliche Arbeitskraft zum Normalfall, sondern auch finanzielle Unterstützungen und Subventionen für Infrastruktur – für Arbeitsmaterial, ökologische Verkehrsmittel, Spielplätze, Werkstätten, kleine Fabriken, Gebäude, Wohngenossenschaften und Mietsyndikate, konsumfreie öffentliche Räume usw. Damit wäre eine erhebliche Ausdehnung der Bürger*innenrechte über den bisherigen Stand des Wohlfahrtsstaates hinaus verbunden – auch für diejenigen Menschen, die heute in einem grotesken Overreach staatlicher Wertregime als »illegal« bezeichnet werden. Dies würde die lebensweltliche Realität der meisten Menschen wohl radikal verändern – anstelle der harten Dichotomie zwischen »Arbeit« (eine zumeist nicht sehr geliebte *Nine to five*-Tätigkeit) und »Freizeit« (in die viel zu oft die eigentlich gesellschaftlich und ökologisch wichtige Sorgearbeit fällt) würden wohl eher Patchwork-Alltagsstrukturen und -Lebensläufe entstehen. Sowohl im Alltag als auch im Laufe einer »Karriere« werden sich Lebenswirklichkeiten aus diversen, nebeneinanderstehenden und einander idealerweise in ihrem Wert bestärkenden Tätigkeiten zusammensetzen. Dieser Wandel wäre inhärent feministisch, da die Lebensrealitäten der meisten als Frauen sozialisierten Menschen schon heute so aussehen – nur eben unter weitaus schlechteren Bedingungen als in dieser anvisierten Zukunft.

An dieser Stelle kann man leicht den Unterschied zwischen einer »linken« und einer »rechten« gesellschaftspolitischen Agenda des Staates erkennen: Schützt und fördert letztere primär Privateigentum und Familie (im Sinne von Blutsverwandtschaft), so schützt und fördert erstere auch und sogar in erster Linie Formen der Inbesitznahme, Bewirtschaftung und Erweiterung des Gemeineigentums, der Commons, sowie soziale, politische und kulturelle Sorgearbeit in freiwilligen Assoziationen und Wahlverwandtschaften. Das entspricht auch Donna Haraways Idee des »making kin«, der es darum geht, Verwandtschaften und solidarische Beziehungen eher zu »machen« als sie als etwas Vorgegebenes einfach zu »haben« (Haraway 2016). Es ist unschwer zu erkennen, dass die konservative gesellschaftspolitische Agenda mit ihren engen Begriffen von Arbeit, Familie, Eigentum und Leistung die natürlichen und sozialen Grundlagen unseres Lebens und Zusammenlebens zerstört, während die progressive Agenda mit ihren erweiterten Begriffen auf die Bewahrung, Verbesserung und Verschönerung ebendieser Grundlagen ausgerichtet ist. Die eine Seite verteidigt einen höchst einseitigen, primitiven Begriff von Freiheit, welche sich nur als »Freiheit von« versteht. Die andere Seite operiert mit einem zeitgemäßen Begriff von Freiheit*en*, die es erlauben, plurale Bindungen miteinander zu denken, zu erfinden und neu zu gestalten, die befreiender Natur sind. Es wäre zu wünschen, dass diese Alternative auch jenseits eines eher lähmenden Alarmismus und der Beschwörung der Klimakatastrophe in zukünftigen politischen Debatten und Wahlkämpfen deutlicher würde.

11 Unternehmungen, die das Gedeihen fördern – Selbstermächtigung und ihre öffentliche Unterstützung

Im Zusammenhang mit einen solchen erweiterten Begriff der Freiheit wäre dann vielleicht auch der Begriff des Unternehmerischen neu zu denken. Er wäre ebenso dem Griff des kapitalistischen Realismus zu entwenden wie die *Zone d'Aménagement Différé* der Begriffshoheit der staatlichen Bürokratie. Denkt man den Modus des Unternehmerischen vom Bestehenden ins Utopische weiter, dann wird er potentiell anschlussfähig für die unzähligen Formen individueller und kollektiver Autonomie in der Zivilgesellschaft. Unter dem Schutzschirm einer pauschalen staatlichen sowie öffentlichen Anerkennung, gleichsam im Rahmen eines allgemeinen Auftrags zur Betätigung im Kontext von Sorge-, Gemeinwohl- und Protestarbeit, ginge es dann um eine ganze Kultur der Selbstermächtigung jenseits dessen, was die Marktwirtschaft einengend als »Unternehmen« definiert – also um vielfältige Formen von selbst beauftragter gesellschaftlicher Arbeit, die nicht nur dann etwas zählt, wenn Geld dabei rausspringt. Durch solch eine kämpferische Aneignung des Begriffs, durch das Einfordern einer Sorge-orientierten Unternehmenskultur könnte sich der Protest in einer Weise erden, die ihn nicht länger den Großteil seiner Energie im Dagegen verausgaben lässt. Als unternehmerisch im gesellschaftlich wertvollen Sinne würden dann nicht mehr nur die Gründungen gelten, die auf monetäre Profite aus sind, sondern auch die, die nicht (in der falschen Logik) »richtig« profitabel sind. Also solche, die Schutz und Sorgearbeit für einander, für den Planeten und seine Biosphäre, aus eigener Initiative maximieren. »Unternehmerisch« wäre dann ein Denken und Handeln, das nicht nur danach fragt, welche Produkte und Dienstleistungen möglicherweise fehlen und profitabel hergestellt und verkauft werden könnten, sondern eben auch danach, welche unbezahlten bzw. schlecht bezahlten und nicht profitablen Unternehmungen es noch in der Gesellschaft braucht. »Der Markt« wäre unter dieser spekulativen und kämpferischen Aneignung des Unternehmungsbegriffs ein zu kurz gegriffenes Konzept für die Bedürfnisse der menschlichen Gesellschaft, da sich schließlich nicht alle und alles in dieser beschränkten Marktform abbilden lassen. Im Unternehmerischen treten die Gründer*innen, Aktivist*innen und Arbeiter*innen mit ihrem Einsatz in Vorleistung. Unter persönlichem Risiko spekulieren sie auf eine Intervention, die nach ihren Maßstäben die Gesellschaft verbessern soll. Bisher gibt es öffentliche Förderungen, Kredite, Steuerbefreiungen sowie symbolische Anerkennungen vor allem für kapitalistische Unternehmungen, die der eingeengten Marktwertlogik folgen. Und dies, obwohl der Maßstab für gutes gesellschaftliches Handeln und Intervenieren längst ins Schwanken gekommen ist und nicht mehr rein im klassisch-kapitalistischen Sinne verstanden wird (falls dies je der Fall war, was eine Frage der Diskurshoheit ist). Es tritt immer deutlicher zu Tage, dass Unternehmungen, die auf klassischer Kapitalakkumulation basieren, oftmals eher schlechte soziale und ökologische Auswirkungen haben, während viele sogenannte ehrenamtliche, aktivistische oder gar illegale Unternehmungen wie Haus- oder Landbesetzungen oftmals einen viel positiveren Einfluss auf die Gesellschaft haben können. »Wachstum« im rein finanziellen Sinne entpuppt sich zunehmend als zu wenig für ein gesamtgesellschaftliches und umweltliches Gedeihen. Tatsächlich werden die Behauptungen von Gemeinwohl und *purpose* im kapitalistischen unternehmerischen Kontext, wie sie von TED-Talks und anderen kapitalistischen Sales Pitches zur Genüge bekannt sind, auch von den jeweiligen Protagonist*innen insgeheim als Bullshit oder als reine Verkaufsargumente durchschaut. Demgegenüber sehen viele Menschen in politischen, sozialen und kulturellen Unternehmungen einen großen gesellschaftlichen Wert, wie sich an entsprechenden Spendenaufgeboten, der Solidarität mit Kulturschaffenden und Aktivist*innen und generell an einer großen Kluft zwischen sozialem und finanziellem Status in diesen Milieus zeigt.[22]

Hier, in allen möglichen Kollektiven, Initiativen, Gründungen, Kommunen und Aktionen, zeigt sich eine konstituierende Macht in Bewegung, die man genauso als »unternehmerisch« bezeichnen kann. Tatsächlich sind die erforderten Fähigkeiten des Planens, Organisierens, Überblick-Behaltens, Risiko-Einschätzens, Stränge-Zusammenhaltens etc. oftmals ähnliche wie in klassischen profitorientierten Betrieben, und es kommt öfters vor, dass Aktivist*innen »auf die andere Seite« zu sozialen und anderen Unternehmen oder in die Politik wechseln.

Man kann sicherlich auf linker Seite Probleme mit dem Begriff des Unternehmer*innentums haben. Er ist ursprünglich ein urkapitalistischer – aber ähnlich wie bei der »feindlichen Übernahme« des Begriffs ZAD zeigen sich auch in diesem Fall positivere Handlungshorizonte auf, wenn statt bloßer Ablehnung eine Übernahme und Ausweitung angestrebt wird: So kann man durch diese ausge-

---

22 Auch wenn dies in der öffentlichen Debatte selbstverständlich umstritten ist und von rechtspopulistischer und bürgerlich-medialer Seite gekonnt bekriegt und entwertet wird. »Geht doch einfach arbeiten« ist ein Satz, den viele sich anhören müssen, während sie sich nach einem anstrengenden Geldjob bei einer Besetzung nochmals ohne Bezahlung verausgaben, um ein Stück Land, ein Haus, ein Viertel vor dem kapitalistischen Zugriff zu retten. Gerufen wird der Satz von Passant*innen, von denen viele gerade von ihrem Bullshit-Job, bei dem sie nichts Sinnvolles tun, nach Hause gehen und ihren Frust darüber an den Aktivist*innen auslassen.

weitete Perspektive darauf hinweisen, dass es eine extreme Schieflage in der Förderung und Bewertung von gesellschaftlichen *Unternehmungen* seitens des Staats und öffentlicher Institutionen gibt.

Eine öffentliche, rechtliche und ökonomische Anerkennung würde den unproduktiven Dualismus hermetisch abgeriegelter Milieus abmildern, der vielleicht das eigentliche Entwicklungs- und Lernhindernis unserer Gesellschaften ist. Doch wie könnte eine solche Förderung eines erweiterten Unternehmer*innentums aussehen? Es ist klar, dass wir nicht einfach die herrschenden Wertregime des Kapitalismus eins zu eins übernehmen und umkehren können (oder komplett abschaffen). Stattdessen müssen sie demokratisch geöffnet, neu ausgehandelt und pluralisiert werden. Die Bewertungsmaßstäbe sind heute ohnehin in Bewegung. Immer mehr Menschen in Lohnarbeitsverhältnissen (ver-)zweifeln am Sinn und Wert ihrer Arbeit. Wie David Graeber in seinem Buch *Bullshit Jobs* (2018b) analysiert, sieht ein erschreckend großer Teil der Bevölkerung in Industrienationen kaum oder gar keinen Sinn mehr in seiner Arbeit – und hierbei handelt es sich hauptsächlich um Leute im mittleren und gehobenen Management. Während die Mehrzahl der Menschen, die in ihrer Arbeit noch Sinn sehen (Pflege, Kultur, Bildung, Sozialarbeit, Reinigung), tendenziell immer weiter unten in der Einkommensverteilung stehen, sind es in dieser von Graeber als »Manager-Feudalismus« bezeichneten Ordnung die sinnlosen Tätigkeiten in den ewigen Büroreihen und Verwaltungsposten, die gut entlohnt werden. Graeber deutet sogar an, dass die hohe Bezahlung einer Entschädigung für offensichtliche Sinnlosigkeit gleichkommt. Doch der seelische Druck dieser Sinnlosigkeit ist trotz finanzieller Belohnung hoch. Burn-out ist bisher eine der ganz wenigen Formen der Reaktion, die diesem schleichenden Unwohlsein am alternativlosen Spätkapitalismus einen klinischen Namen geben.

Von Betroffenen wird es dann auch folgerichtig wie ein Coming-out erlebt, wenn sie die größere Struktur der Bullshit-Jobs erkennen und auf ihr eigenes Leben beziehen: Sie fühlen, dass irgendetwas schon lange nicht mehr gestimmt hat, und können es plötzlich benennen, indem sie ein anderes Register der Bewertung an die Hand bekommen. Bisher werden die Folgen solcher psychosozialen Erkrankungen von den Krankenkassen, de facto also von der Allgemeinheit bezahlt, z.B. wenn die infolge schlechter Unternehmensführung erkrankten Mitarbeiter*innen ausfallen. Stattdessen könnten öffentliche Institutionen fördernd in die Bresche springen und den Manager-Feudalismus durch eine Redemokratisierung bekämpfen – und damit auch seine kostspieligen und die Ungleichheit vermehrenden Symptome in das Gemeinwohl fördernde Bahnen lenken.

Der Kapitalismus scheint immer weniger gesamtgesellschaftlich bindende Werte herzustellen, die sich noch gut anfühlen – nicht einmal für seine Profiteur*innen. Hier kann eine neue Welle der Demokratisierung mutig neue Werte erfinden und unterstützen: Während bisher beispielsweise die Krankenkassen den Burn-out-Patient*innen Therapien bezahlen, die oftmals tatsächlich den Tätigkeiten in der ZAD ähneln (Gemüse anbauen, mit Leuten in Austausch treten, in der Natur sein, neue Beziehungen aufbauen), um dann wieder in den Job zurückzufinden, müsste eine zukunftsgewandte demokratische Förderung dies als permanenten Übergang in eine bessere, sinn- und wertvollere Lebensweise verstehen. Genauso könnte man die Arbeitsämter dahingehend umschulen, dass sie Menschen nicht mehr nur in (oftmals sinnlose) Lohnarbeit zurückvermitteln. Grundeinkommen und Bürger*innengeld sollten stattdessen dort ausgebaut und erhöht werden, wo ein wirklicher gesellschaftlicher Mehrwert entsteht.

Die grundsätzliche Ablehnung des Unternehmer*innentums, wie sie ein Reflex unter vielen Kapitalismuskritiker*innen ist, droht die bestehenden Strukturen eher festzuschreiben, als sie zu verändern. Stattdessen könnte der Kampf um die Ausweitung des Begriffs ein neues Fortschrittsnarrativ ermöglichen. Der Kulturbetrieb scheint hierbei heute ein gutes Beispiel zu sein, weil dort mittels öffentlicher Kulturförderung in Ansätzen ein neuer Typ von kulturellem Unternehmer*innentum entsteht. Dieser ist zwar oftmals – und in seinen sichtbarsten Manifestationen – weiterhin auf wirtschaftliche oder repräsentative staatliche Werte ausgerichtet, selbst wenn vielversprechende Buzzwords wie »commoning«, »queer alliances« oder »making kin« draufstehen. Doch unter der staatlich-kapitalistischen Hülle, die dem falschen Wertregime geschuldet ist, schillert oft auch eine andere Utopie durch, die einen weniger beachteten Kern der Motivation zu künstlerischer Unternehmung (zumindest am Karriereanfang) unter vergleichsweise prekären Verhältnissen ausmacht: die Ausrichtung und Erarbeitung von modellhaften Werten des Gemeinsamen. Natürlich ist dies nicht die einzige Motivation von Kulturschaffenden, und viele Künstler*innen folgen weiterhin dem klassischen bürgerlichen Paradigma von ästhetischer Autonomie und individuellem Ausdruck. Doch es gibt inzwischen viele interessante Künstler*innenkollektive, die das öffentlich geförderte Kunstsystem sehr pragmatisch als Instrument zur Sichtbarmachung und finanziellen Unterstützung zivilgesellschaftlicher Basisbewegungen und ihrer Unternehmungen verwenden. Auch wenn es bereits viele gute Beispiele künstlerischer Unternehmungen gibt, die mit Kulturförderung eine Arbeit an radikal anderen Öffentlichkeiten und Gemeinsamkeiten präfigurieren, bleiben diese aufgrund weiterhin herrschender Marktlogiken minoritär.[23] Im Feld der Kultur ist es unter kapitalisti-

23 Dazu gehört zum Beispiel die internationale Gruppierung *Forensic Architecture*, die an der Aufarbeitung unaufgeklärter

schen Verhältnissen eine Arbeit gegen den Strom, sein Schaffen hauptsächlich an solchen Werten des Gemeinsamen auszurichten – und trotzdem gedeiht ein solches Schaffen überall, trotz abschreckender Bedingungen der Prekarisierung, der ewigen Praktika oder extrem unterbezahlter, pseudo-selbstständiger Beschäftigungsformen.

In einem anderen, erweiterten Unternehmungsbegriff, befreit von einengender Marktlogik (aber auch von den lähmenden und heuchlerischen Tendenzen des kulturstaatlichen Antrags- und Berichtswesens), könnte die Kultursparte eine weitaus positivere und über ihre Milieus und Buzzwords hinausreichende Strahlkraft erreichen. Dabei

---

Staatsverbrechen wie zum Beispiel israelischer Kriegsverbrechen in besetzten Gebieten oder der NSU-Morde in Deutschland arbeitet. Oder auch das ostdeutsche Kollektiv *Peng!*, das 2020 für eine Ausstellung in Chemnitz mit öffentlichen Mitteln Relikte der Antifa-Bewegung ankaufte, um sie auszustellen. So konnten die Relikte oder Reliquien nicht nur sichtbar gemacht und so als Symbole wertvoller zivilgesellschaftlicher Arbeit öffentlich anerkannt werden. Zusätzlich konnte diese Arbeit durch den Ankauf auch noch öffentlich finanziell gefördert werden. Weiters lässt sich die Ausstellung Protestarchitektur des Deutschen Architektur Museums (DAM) 2023 in Frankfurt nennen, welches nicht nur in ähnlicher Manier durch die Ausstellung aktivistischer Strukturen diesen kulturellen Wert verschafft, sondern darüber hinaus diese In-Wert-Setzung politisch einzusetzen versucht: So hat das DAM eine selbstgebaute Hütte im besetzten Lützerath vor dessen Räumung gekauft und als staatlicher Akteur versucht, die Polizei von der Räumung abzuhalten, weil dort sonst Kulturwerte zerstört würden (leider erfolglos). Zu guter Letzt können auch noch – neben tausend anderen Beispielen – die diversen Gerichtsprozesse genannt werden, wie die Kongo-Prozesse von Milo Rau oder die Umweltprozesse von Jonas Staal, die gefördert durch Kulturgelder Probleme zu öffentlicher Aushandlung bringen, die in der herrschenden Rechtsordnung noch nicht als solche anerkannt werden.

könnte es für progressive Akteur*innen und Institutionen im Kulturbereich ein spannendes neues Ziel sein, gewisse autonome Zonen, die der ZAD strukturell nicht unähnlich sind, und neue Lebenszusammenhänge kulturell zu ermöglichen. Diese Zonen und Zusammenhänge könnten dann entweder als Forschung, wie Virginie Despentes die ZAD versteht, oder als Kunstwerk im Sinne einer postanthropozentrischen Sozialplastik verstanden werden. In jedem Fall geht es dabei um die freie Arbeit am Gemeineigentum. Die »Freie Republik Wien«, die Milo Rau als neuer Intendant der Wiener Festwochen 2024 ausgerufen hat, gehört sicher zu den größeren Versuchen in dieser Richtung, egal für wie erfolgreich und konsequent man die bisherigen Ergebnisse hält. Kultur wird in diesem Versuch als weit mehr als nur die Verschönerung des Bestehenden verstanden, nämlich als radikale Präfiguration besserer Zusammenlebensweisen, die notwendigerweise aus der Kultursparte ins restliche Leben hinüberragen müssen (beziehungsweise aus diesem selbst entstammen). Voraussetzung dafür wäre allerdings der Übergang von einer auf Spektakel und Buzzwords ausgerichteten Kurzfrist- und Einzelförderung, die immer prekär am Tropf der Geldgeber*innen hängenbleibt, zu einer längerfristigen Strukturförderung (eine kulturpolitische Entwicklung, an der progressive Akteur*innen in den bildenden und vor allem darstellenden Künsten schon länger arbeiten).

Während also der zur Zeit im kapitalistischen Unternehmer*innentum populäre »Anarcho-Kapitalismus« den Abbau von Staat nur einseitig und unvollendet als Abbau von sozialen Rechten, aber nicht von Eigentumsrechten denkt, könnte ein kommendes linkes Unternehmer*innentum die komplementäre Öffnung des Eigentumsrechts fordern. Eine wirksame Förderung der so progressiv unternehmerischen Impulse unserer Gesellschaften kann nur dann geschehen, wenn sich die bestehende Ordnung des Kapitals nicht mehr an ihre verkrusteten Eigentumstitel in Form von Monopolen über Patente, Produktionsmittel und Ländereien klammern kann. Zum freien Unternehmer*innentum in einer aufs Gedeihen umorientierten Gesellschaft müssen die Besitzverhältnisse den Nutzungsverhältnissen angeglichen werden, damit neue Allianzen und Unternehmungen sich möglichst ungehindert entfalten können. Das wäre eine wahre Befreiung von staatlichen Hemmnissen und Hindernissen, die die rechten Marktliberalen und Anarcho-Kapitalisten nur ungenügend und zu wenig radikal andenken. Autonome Zonen wie die ZAD helfen dabei, über die notwendige Entwicklung der herrschenden Ordnung zu einer Förderung des auf »earth-care-labour« ausgerichteten Unternehmer*innentums nachzudenken, indem sie zeigen, dass die notwendige Transformation sich am besten durch Zonen bewerkstelligen lässt, die so gut es geht von eigentums- und kapitalbasierten Wertregimen befreit sind.

Vom klassischen liberalkapitalistischen Unternehmer*innentum könnten die sozialen, ökologischen und kulturellen Unternehmer*innen den Wert der Effizienz übernehmen, der dann aber nicht nur das Haushalten mit knappen Mitteln meint, sondern auch die nachhaltige Schonung von menschlichen und natürlichen Ressourcen. Sie können so lernen, sich von einer nicht nur moralisch und gesundheitlich ruinösen, sondern auch politisch ineffektiven Mythologie der Selbstaufopferung zu distanzieren. Denn selbst Effizienz ist heute eigentlich keine vom kapitalistischen System produzierte Tugend mehr, wie man außer an den Bullshit-Jobs und den gesundheitlichen Folgen der herrschenden Arbeitswelt auch an der Vernichtung unserer ökologischen Lebensgrundlagen deutlich sieht. Effizient wird dann nur mehr dasjenige Unternehmer*innentum sein, welches seine Überlebensgrundlagen pflegt und fördert.

12 Die Bolo'boloisierung der Politik

Die progressive Erzählung, die wir im Sinn haben, würde nicht mehr die Inklusion von noch mehr Beteiligten in die etablierte (staatliche) Ordnung als nächsten notwendigen Entwicklungsschritt verstehen. Stattdessen würde sie Engagierten eine Ausdifferenzierung in diverse Richtungen vermitteln und ermöglichen – im Vertrauen darauf, dass eine nachhaltige Umgangsform mit den komplexen Problemen der Gegenwart nur von selbst ermächtigten und lokal verankerten Akteur*innen ausgehen kann. Es wäre ein aus ihrer spezifischen Umwelt entstandenes relationales Wissen von Subjekten und Bewegungen, die sich selbst ermächtigen, beauftragen und mit Handlungsformen experimentieren, die als praktische und gesündere Alternativen zu Lohnarbeit und Privateigentum erscheinen. Noch präfigurieren solche spontanen Gemeinwesen eine zukünftige andere Gesellschafts- und Lebensweise unter den kapitalistischen Bedingungen der Gegenwart – also unter meist sehr schlechten Bedingungen. Dabei stellen Geld- und Zeitmangel, strukturelle Benachteiligungen, Polizeigewalt und die rechtliche Verfolgung von Aktivist*innen die hauptsächlichen Probleme dar. Diese existieren so lange, wie bestimmte Formen der Aktion, Besetzung, Nutzung, Inbesitznahme oder Aneignung eben nicht geduldet, normalisiert, anerkannt und letztlich erlaubt und gefördert werden. Für diese Anerkennung können die sozialen Bewegungen und ihre Kämpfe aber nicht selbst sorgen. Dafür brauchen sie die öffentliche Debatte und die Arbeit an unerwarteten Allianzen, die quer durch die Gesellschaft verlaufen. Auch die größeren Instanzen, die die Gesellschaft in ihrem – wenn auch vielfach schlechten – Status quo zur Zeit zusammenhalten (Eigentum, Familie, Arbeit, Wert, Kapital etc.), müssten dafür transformiert werden.

Hierbei ist die Geschichte von Kommunen wie Longo Maï lehrreich, einer Assoziation von zehn anarchistisch gefärbten Landkommunen in sechs europäischen Nationen, in der ungefähr 300 Kommunard*innen international vernetzt sind. Im Kontext von Longo Maï haben sie die überragende soziokulturelle Bedeutung von Geld, Eigentum, Familie etc. weitgehend aufgehoben. Während sich die Kommunard*innen in der Gründungsphase ab 1972 einer relativ starken ideologischen Kohärenz und Geschlossenheit mit starker charismatischer Führungspersönlichkeit und einer gegenüber feindlichen Umwelten eher geschlossenen Lebensweise verschrieben hatten (so war zum Beispiel das Hören von amerikanischer Rockmusik verpönt), haben sie sich mit der Zeit immer mehr an die sozialen und ökologischen Umwelten angepasst und in eine Art fortschrittliche Koevolution mit diesen hineinbegeben. Wie uns viele Kommunard*innen berichten, ist die Offenheit gegenüber diversen linken Ansätzen nach Jahrzehnten gelebter und eingeübter Praxis immer einfacher geworden, auch wenn sie natürlich weiterhin Gegenstand von Konflikten ist. So lassen sich zwar alle Kommunard*innen über den Staat krankenversichern, lehnen aber das Arbeitslosengeld in seiner neoliberalen Form mit der Verpflichtung zur sogenannten Um- und Weiterbildung ab. Des Weiteren beziehen sie Strom und Wasser aus dem öffentlichen Netz und beantragen und beziehen beispielsweise Fördergelder aus EU-Fonds für nachhaltige Land- und Forstwirtschaft. Diese flexible Teilhabe und Koevolution wird permanent in deliberativen Prozessen diskutiert und weiterentwickelt – mit einem Fokus auf Aufbau, Erhalt und Gedeihen einer Keimzelle für andere und nachhaltigere Lebensweisen, die viel weniger auf Ausbeutung basieren.

Die ZAD verfolgt strukturell ein ähnliches revolutionäres Modell, mit dem interessanten Unterschied, dass die öffentliche Debatte um sie so groß geworden ist, dass sie nicht nur fast allgemeine Bekanntheit in Frankreich erreicht hat, sondern darüber hinaus einen sehr großen, über die traditionellen anarchistischen Milieus weit hinausgehenden Zuspruch gefunden hat. Dieser Zuspruch ist zentral für den hegemonialen Kampf im Raum der Öffentlichkeit, der sich immer um die Frage dreht, wessen Interessen die allgemeinen Interessen sind. Welche Handlungs-, Arbeits- und Lebensformen gelten als Interessen einer Allgemeinheit? Es geht also um die Frage, welche Handlungsweisen erlaubt, geduldet, gefördert und bezahlt werden und welche verboten, behindert und bestraft.

In diesem Zusammenhang wird der Kampf um die Commons, um den Begriff des Gemeingutes wahrscheinlich von größter Bedeutung sein. Hierzu der oben bereits erwähnte unter Pseudonym veröffentlichende Martin Luterre:

> Die ZAD entwirft eine Überwindung des sterilen Antagonismus zwischen Offensive und Defensive. Sie lässt die Möglichkeit der Commune wieder auferstehen. Leben und kämpfen, das heißt die Verteidigung eines Territoriums und die Erfindung anderer, erstrebenswerterer Lebensweisen in eine und dieselbe Bewegung, einen und denselben Alltag einzuschreiben. [...] Befreit vom üblichen Zyklus der sozialen Bewegungen zugunsten der ihr eigenen Zeitlichkeit, markieren diese befreiten Räume eine Territorialisierung der Kämpfe. Eine Generation findet dort, in der Intimität der Prärien und der Wälder, eine grundlegende Veränderung der Verbindungen zum Lebendigen wie ein anspruchsvolles Erlernen von Gemeinsamkeit. Sie erfährt dort die Wiedererfindung der kollektiven Beziehungen zur Arbeit und zur Subsistenz, um sich von der Vorherrschaft der Ware zu befreien. (Luterre 2023, 175)

Die verhalten optimistische Hypothese und Empfehlung, der wir hier folgen, würde wie folgt lauten: Progressive Akteur*innen müssten in Zukunft auch innerhalb der staatlichen Rechtsordnungen immer mehr Formen solcher (zadistischer) Gemeinwohlarbeit, der gemeinsamen Nutzung und des Gemeinbesitzes von Raum und Infrastruktur als überlebensnotwendig und unterstützenswert erkennen. Dies wird sie dazu bewegen, innerhalb der aktuellen Assemblage von Institutionen, Förderschienen und Absicherungsnetzen, die sich Staat nennt, sowohl für die rechtliche Legalisierung wie die ökonomisch-kulturelle Subvention dieser Formen zu werben und zu kämpfen. Dies könnte auch den fortschrittlichen Akteur*innen innerhalb der staatlichen Ordnung, z. B. Parteipolitiker*innen, aus einem Dilemma helfen: Anstatt sich in Kompromissen mit konservativeren Koalitionspartner*innen zur Förderung z. B. des E-Autos zu bekennen (welches viele Basismitglieder der grünen Parteien unter der Hand als nicht ausreichend oder gar als kontraproduktiv einschätzen), um »zumindest irgendeinen Impuls« zu setzen, können sie so aus der bloßen Reaktion herauskommen und sich positiv *für* etwas einsetzen. Die Verdachtsmomente der Scheinheiligkeit, denen grüne oder linke Politiker*innen heute oftmals ausgesetzt sind (vielfach auch zu Recht), würden sich so abschwächen – durch die Unterstützung und Förderung eines Kampfes um ein Territorium, das sich jenseits der modernen Dichotomie zwischen links (= progressive Deterritorialisierung) und rechts (= reaktionäre Territorialisierung oder Heimattümelei) situiert.[24] Weiterhin wäre diese Haltung verbunden mit einem Eingeständnis der Grenzen und

24 Mit dieser Gegenüberstellung folgen wir Bruno Latours Analyse, dass Fortschrittlichkeit in der Moderne zumeist als eine Deterritorialisierung zugunsten einer größeren, inklusiveren Allgemeinheit begriffen wurde, während das Reaktionäre zumeist als ein Zurück in bestehende Strukturen und ihre Böden gefasst wurde. Laut Latour gilt es, diese moderne Verfassung zugunsten einer progressiven Landung in Territorien neu zu konfigurieren, die sich in der ZAD andeutet (Latour 2018).

Limitierungen der aktuellen Staatlichkeit: Anstatt sich als Held*in zu stilisieren, die*der für alle gigantischen Krisen der Gegenwart die Lösung parat hält, wie es heute die meisten Politiker*innen im Wahlkampf meinen tun zu müssen, könnte eine solche progressive Position zu einer Art neuer Bescheidenheit führen, die realistisch eingesteht, dass die Krisen zu groß und zu langfristig sind, als dass sie ein Staat oder eine Legislaturperiode lösen könnte.[25] Auch wenn sich dies für viele Politiker*innen wahltaktisch gefährlich anfühlt, könnte ein solches Vorgehen tatsächlich zu einem Vertrauenszuwachs führen. Denn im Grunde weiß heute eigentlich jede*r, dass die Katastrophe viel zu weitreichend ist, als dass die Lösung schon morgen erscheinen könnte wie der Messias. Ein wahlstrategischer Ansatz, der die eigene Macht der Politiker*innenposition zugunsten eines Bekenntnisses zur Förderung der kommunardischen Mächte entwertet, die sich zumeist ohnehin von unten erheben (wenn man sie nur lässt), könnte einen effizienten Ausweg aus der aktuellen politischen Lähmung der Alternativlosigkeit darstellen.

Dies führt uns an einen Punkt, wo sich die bislang als monolithische Einheit gedachte staatliche Rechtsordnung in ein pluralistisches Patchwork von verschiedenen Arten, die (jeweilige) Welt in Wert und Stand zu setzen, auflöst. Auch wenn dies utopisch und unpraktikabel klingt, sind wir tatsächlich schon heute in Vorformen dieser Entwicklung: Bundesstaaten entwerfen Gesetze oder Verordnungen, die dem EU-Recht zuwiderlaufen (z.B. die Grenzkontrollen zwi-

---

25 Ein sehr sichtbares Beispiel einer solchen neuen progressiven Tugend der Bescheidenheit ist die neuseeländische Premierministerin Jacinda Ardern, die nach sechs Jahren im Amt freiwillig zurücktrat und als Grund angab, nicht mehr genug Kraft und Impulse für die Herausforderungen des Landes zu haben. Ardern gilt heute vielfach als einflussreichste Premierminister*in Neuseelands seit dem Zweiten Weltkrieg.

schen Deutschland und Österreich, die gegen geltendes und ratifiziertes Schengenrecht verstoßen), Städte, Kommunen oder Bundesländer stimmen mehrheitlich für Innovationen, die die Bundesgerichte und Parlamente dann zu Fall zu bringen versuchen (wie z.B. die Volksentscheide *Deutsche Wohnen & Co enteignen* oder *Berlin autofrei*).

Einer der größten Aushandlungsprozesse der Zukunft mag sein, wie eine friedliche und einander bestärkende Koexistenz dieser verschiedenen Institutionen gedacht und gelebt werden, wie eine neue progressive Position für eine langsame Pluralisierung der Institutionen und Kompetenzen der öffentlichen Ordnung eintreten kann. Das neue progressive Ideal ist dann nicht mehr der perfekte Staat oder die perfekte Position, sondern eine pragmatische Wendigkeit, die Rahmen schafft für die pluralistischen und stets ambivalenten Bedürfnisse und Begehren.

Als radikal-utopisches Leitbild für diese Art von Weiterentwicklung kann die anarchistische Utopie *bolo'bolo* des Schweizer Schriftstellers Hans Widmer alias P.M. gelten (P.M. 1983). In dieser mutualistischen Utopie stellen die sogenannten bolos von ca. 100–500 Bewohner*innen die kleinsten Lebenseinheiten von Menschen dar, die sich auf freiwilliger und fluider Basis zu größeren Allianzen zusammenschließen können (z.B. bei der Organisation von Lebensmittelversorgung, Transport- oder Energienetzwerken). Sie sind aber prinzipiell frei, sich gänzlich in ihre jeweils eigene Richtung samt Moralvorstellungen, Rechtsnormen, Sexualpraktiken, Sprachgewohnheiten, Religionen, Ritualen etc. zu entwickeln – ohne dass eine höhere Instanz dies verbieten oder steuern könnte. »Der Grad von Individualismus oder Kollektivität wird in jedem bolo von seinen Bewohnern selbst bestimmt und ist nur durch die Notwendigkeit der Selbstversorgung und die Gastfreundschaft beschränkt. [...] Jedes ibu [=Einzelwesen] kann das für es passende bolo finden, umwandeln oder neu grün-

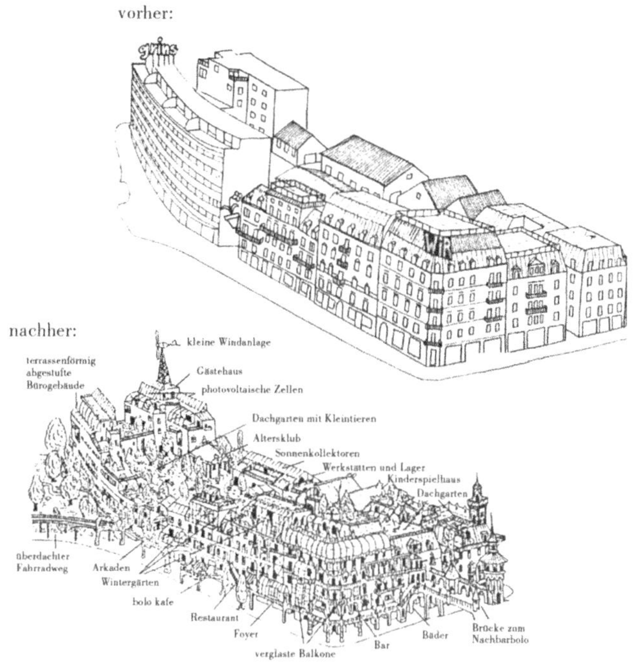

Die Bolo'boloisierung des Zürcher Stauffacherplatzes

den.« (P. M., 79) Diese Utopie ist nach den Worten des Autors »kein Programm, das nur noch ausgeführt werden müsste – es ist ein provisorischer Vorschlag, ein Ausgangspunkt«, der über das große Krisenbewusstsein der herrschenden Ordnung, das auch schon in den 1980ern bestand, politisch-utopisch hinausweist:

> An Vorstellungen über eine postindustrielle Gesellschaft fehlt es heute nicht mehr. Ausbruch des Wassermann-Zeitalters, Paradigmenwechsel, Quartärgesellschaft, Dualwirtschaft, Ökotopia, Dezentralisierung, Rhizom, Vernetzung, kleine Kreisläufe, Sanfte Technologie – so lauten einige Stichworte der zunehmenden alternativen und ökologischen Literatur. Es ist von epochaler Krise, großer Wende, Endzeit, Neuem Zeitalter

> die Rede. Die Ökologie liefert wertvolles Material über die Grenzen, die uns heute gesetzt sind. Es ist wichtig, sie zu kennen. Was aber fehlt, sind Ideen für die neuen Möglichkeiten, den neuen Reichtum, der sich uns auftut, wenn wir die Maschine hinter uns lassen. [...] Es ist eine Momentaufnahme unserer (meiner?) augenblicklichen Wünsche und der heutigen Einschätzung der »technisch/biologischen« Grenzen. In vielen Punkten werden die Grenzen zu eng gesteckt sein, in anderen die Wünsche zu extravagant. (P. M., 55)

Bolo'bolo ist also ein skizzenhafter Versuch, ein utopisches Leitbild progressiv-pluralistischer Politik jenseits des Kapitalismus zu formulieren, das gleichzeitig die planetaren Grenzen berücksichtigt und aus der Erfahrung der totalitären Wendung ehemals linker Utopien in der Sowjetunion lernt. Ähnlich kleinräumig und konkret-utopisch wie *bolo'bolo* funktioniert auch, vierzig Jahre später, Peter Gelderloos' Blick in eine imaginäre Zukunft in *The Solutions are Already Here* (Gelderloos 2024, 263–305). Die Vorstellungskraft bezieht sich dabei, ganz unserer Zeit und der Klimakrise entsprechend, etwas mehr auf die ökologischen als auf die kulturellen und städtebaulichen Neuerfindungen. Beiden Autoren gemein ist hingegen ein gewisser *retrofuturistischer* Zug:

> Ladenflächen, Garagen, Büros, Lager, viele Strassen, Fabrikgebäude werden frei für die Benützung durch die bolos. Da es kein Bodeneigentum mehr gibt, fallen private Beschränkungen, Spekulation, damit verbundene Bauvorschriften weg. Die bolos können ihre Gebäude so gestalten, einteilen, bemalen, benutzen, wie es für [sie] passend erscheint. [...] Es geht für die bolos nicht in erster Linie darum, neue Bauten zu erstellen, sondern sich in vorhandene einzunisten und die im Überfluss schon angehäuften Baumaterialien zu verwenden und wiederzuverwenden. (P. M., 116)

Die neue Welt wird aus den Trümmern und in den Ruinen der alten aufgebaut. Sie ist in Bezug auf die natürlichen und sozialen Umwelten wesentlich regenerativ gedacht und entsteht vor allem aus dem kritischen Rückbau zentraler technokapitalistischer Apparaturen des vergangenen Zeitalters.

Man könnte die ZAD – und z.B. auch Longo Maï – als modellhafte bolos verstehen, die aber nicht für sich in einer Nische bestehen bleiben wollen, sondern ein größeres, revolutionäres Ziel verfolgen. Sie können sich z.B. am »gemeinsamen, planetaren Projekt« (ibid.) von *bolo'bolo* orientieren, um noch unendlich weitere, vielfältige bolos (oder ZADs) aus der herrschenden Ordnung »der Maschine« herauszuschälen und sich dabei gegenseitig solidarisch zu unterstützen. Tatsächlich haben viele Kommunard*innen von Longo Maï die ZAD Notre-Dame-des-Landes (und auch andere ZADs) von Anfang an tatkräftig und auch finanziell unterstützt, ohne ihr aber das eigene soziopolitische Modell aufzwingen zu wollen. Hier deutet sich ein Solidaritätsbegriff an, an dem vielleicht der klassische Staatskommunismus bereits gedanklich gescheitert ist – eine Art transversale oder gar »queere« Solidarität über Differenzen und Widersprüche hinweg, ohne das Ziel einer einheitlichen, »nach objektiven Gesetzen« ablaufenden Weltrevolution zu verfolgen.[26]

Ein weit weniger radikaler Zwischenschritt solcher utopischer Leitbilder ist der Vorschlag, die französische Hauptstadtregion Île-de-France in mehrere Bioregionen aufzuteilen. Dieses vom urbanistischen Thinktank *Institut Momentum* als Auftragsarbeit für das *Forum Vies Mobiles*

---

26 Diesen hat auch Bini Adamczak in ihrem Buch *Beziehungsweise Revolution* (2017) skizziert, das den in bisherigen Revolutionsversuchen noch fehlenden queeren und solidarischen Zusammenhalt beschwört und als Hauptaufgabe der kommenden Revolution beschreibt.

des staatlichen Bahnbetreibers SNCF entwickelte Szenario für 2050 schlägt die Aufteilung der heute ca. zwölf Millionen Menschen beheimatenden Region in acht sogenannte Bioregionen vor. Diese sollen sich nach geologischen und biologischen Kriterien (Flussverläufe, Vegetation, vorhandene Bebauung etc.) zusammenschließen (Sinaï/Cochet/Thévard 2020). Unter genauer Berücksichtigung der kommenden *éffondrements* (»Zusammenbrüche«) sollen dann die bestmöglichen Lebensbedingungen für alle menschlichen wie nichtmenschlichen Bewohner*innen hergestellt werden. Jede Bioregion beherbergt demnach ca. eine Million Einwohner*innen und ist sowohl auf möglichst hohe Selbstsuffizienz in Nahrungs- und Energiefragen wie Selbstbestimmung ausgelegt. In diesem progressiven Zukunftsvorschlag, der trotz katastrophaler Ausgangslage utopisch ist, beraten sich die Bioregionen der französischen Hauptstadtregion untereinander über materiellen und kulturellen Austausch sowie Kompetenzaufteilungen – ohne dass dabei aber rechtlicher oder institutioneller Zwang von einer höhergestellten Institution wie dem Pariser Elysée-Palast oder dem EU-Parlament ausgeht. Solche Utopien schaffen es, realistisch gegenüber der kommenden ökologischen Katastrophe zu bleiben, aber nicht in den lähmenden – oder gar den Status quo verfestigenden – Alarmismus zu verfallen. Ihr progressiver politischer Horizont ist noch nicht staatliche Politik, aber immerhin schon von staatlichen Akteur*innen (der SNCF) in Auftrag gegeben und in deren Schubladen vorhanden.[27] Dies behandeln wir als erstes Indiz dafür, dass die Bolo'boloisierung der Politik – das *NIMBYs aller Länder, vereinigt euch!* – das

27 Mehr zum Entwurf des Institut Momentum, seine Kommunikationsfähigkeit mit der ZAD einerseits und staatlicher Politik der Zukunft andererseits findet sich in Kapitel 12 des Buchs *Das Auto und die ökologische Katastrophe. Utopische Auswege aus der autodestruktiven Vernunft* von Kilian Jörg (2024).

kommende Ideal sein könnte, an dem sich zukunftsfähige Politik ausrichten kann.

In diesem Zusammenhang könnte sich dann auch das Wort »Deregulierung« von einem neoliberalen Spukwort zu einer progressiven Tugend weiterentwickeln. Es geht dann darum, neoliberale Formen der Deregulierung (die in der Regel im Interesse von ohnehin privilegierten gesellschaftlichen Akteur*innen wirkt) durch eine *progressive Deregulierung* zu überbieten (die schwächere, schlechter organisierte Interessen stärkt). Wir wollen dann nicht nur Wirtschaftsbeziehungen deregulieren, sondern auch u. a. das Eigentumsrecht. Progressive Deregulierung wäre eine Formel, die eben nicht dem dumpfen, auf Privateigentum und Kapitalakkumulation basierenden Freiheitsbegriff huldigt, sondern den »Bindungen, die befreien«.

13 Gewöhnung an ein Eigentum der Erde

Noch sind wir von der Wahlkampftauglichkeit solcher utopischen Programme weit entfernt, auch wenn sie für viele bereits heute plausibel erscheinen. Nicole Klein, die während des Kampfes um die ZAD NDDL Präfektin des Départements war und sich heute medial als ambivalente Vermittlerin der ZAD inszeniert, schätzt die Chance, dass solche Experimente in Zukunft gefördert werden, als im bestehenden Apparat unmöglich ein.[28] Wie Peter Gelderloos berichtet, hat die französische Militärpolizei, neben der bereits erwähnten Anti-ZAD-Einheit, »mittlerweile eine

28 Christophe Laurens, Mitglied des Institut Momentum und Autor des Buches *Notre-Dame-des-Landes ou le métier de vivre*, erfuhr dies in einem persönlichen Gespräch mit Klein, von dem er Kilian Jörg mündlich berichtete.

Die Räumung von Sainte-Soline

›Notre-Dame-des-Landes-Übung‹ in ihre Ausbildungsprogramme für Kadetten und Offiziere integriert« (Gelderloos 2024, 155). Die »Taktiken der Aufstandsbekämpfung« (ibid.) erfolgen gegenwärtig mit nochmals gesteigerter Gewaltanwendung der ohnehin für ihre Brutalität bekannten französischen Polizei. Bei einem der – zum Zeitpunkt der Niederschrift – letzten »heißen« Kämpfe um eine ZAD bei der *mégabassine* (Mega-Wasserrückhaltebecken für Großkonzerne) von Sainte-Soline im Frühjahr 2023 setzte der französische Staat kriegsähnliche Taktiken ein, die selbst die hartgesottenen Aktivist*innen Frankreichs überrascht und viele nachhaltig traumatisiert haben. In nur zwei Stunden wurden 5.500 Granaten auf die 30.000 Demonstrierenden abgeschossen, über 200 Menschen wurden dabei schwer verletzt, drei davon kämpften noch Wochen danach um ihr Leben (*On ne dissout pas un soulèvement*, 15).

Solch massive Gewaltanwendung verleitet sicherlich dazu, dass sich Linke in Anti-Staat-Positionen verhärten und sich also einer hier skizzierten progressiven Öffnung des gegenwärtigen Staatsmodells verschließen. Die größte Herausforderung für fortschrittliche Bewegungen in dieser Spätphase der neoliberalen Staatlichkeit wird sein, schon vorab – als eine Art Vertrauensvorschuss an die größere Gesellschaft – das romantische Bild der heroischen Kämpfer*innen gegen eine staatlich-kapitalistische Übermacht aufzugeben. Der verführerischen öffentlichen Anerkennung als reiner Gegenmacht müsste widerstanden werden. Statt als ein kämpferisches »Wir«, das sich als »rein« inszeniert und sich gegen die als unwiderruflich korrupt geltende Elite stellt, sollten wir uns als an der größeren Korruptheit pragmatisch partizipierend verstehen.[29] »Wir« sollten also den heroischen und edlen Teil unserer Bewegungsgeschichte zugunsten einer »schmutzigen« (»messy«) Vermengung mit der bestehenden Ordnung aufgeben – in der Hoffnung, dass wir auch diese Ordnung verwaschen und so einen progressiven Impuls in eine von Ideenlosigkeit geprägte Politik bringen können.

Diese Hoffnung lässt sich durch historische Erfahrungen von einigen ländlichen oder städtischen Besetzungen bekräftigen – mit genügend zeitlichem Abstand.[30] In der Verlaufsgeschichte von zivilem Ungehorsam, Besetzung, Duldung, Normalisierung, Legalisierung und schließlich staatlicher Förderung lässt sich oftmals das, was als unversöhnlicher Gegensatz erschien, schließlich als Zone des Übergangs erkennen. Ganz gleich, ob es um die Besetzung (und im Erfolgsfall anschließende Umwidmung) von teil-

---

29 Für eine ethisch-philosophische Formulierung dieser anarchistischen Position gegen Reinheit siehe Alexis Shotwell, *Against Purity. Living ethically in compromised times* (2016).

30 Solche Legalisierungs- und Integrationsprozesse von ursprünglich »von außen« kommenden Impulsen dauern oftmals Jahrzehnte und können so nur ungenügend vom herrschenden Dispositiv repräsentativer Demokratie, das sich regelmäßig in Legislaturperioden zur Wahl stellen muss (und bspw. bei Besetzungen, die noch im Prozess der Integration sind, mit skandalistischen Vorwürfen seitens der Opposition konfrontiert wird), in ein parteipolitisches Programm aufgenommen werden.

weise verlassenen, un- oder untergenutzten ländlichen Gebieten wie bei manchen ZADs geht, um städtische oder periphere Industriebrachen oder um leerstehende Wohnhäuser, Bürotürme oder Shoppingcenter: Es geht darum, beim Kampf um Aufenthalts- und Nutzungsrechte aller Art neue Eigentumsformen zu entwickeln und dabei die Gesellschaft und den sie offiziell vertretenden Staat mitzunehmen. In Ermangelung einer realistisch vorstellbaren politischen Alternative, die die Entwicklung zu einer oder mehreren besseren Ordnungen beinhaltet, treibt es viele Unzufriedene heute zu rechten Populist*innen und Demagog*innen, zu Verschwörungstheorien und viel zu einfachen Erzählungen von »denen da oben«, die alle Fäden böswillig in der Hand halten. Die Verzweiflung ist der Türöffner zum Faschismus.

»Die da oben« sind aber nur die sichtbarsten Symptome eines tiefliegenden strukturellen Problems, und von einer progressiven Position aus empfiehlt es sich, die von ihnen ausgehende Repression eher als zunehmende Panik, Hilf- und Ideenlosigkeit zu *bemitleiden*, anstatt sie durch Verteufelung festzuschreiben. So schreibt Isabelle Stengers, eine der großen Vordenker*innen der aktuellen französischen Ökophilosophie, in ihrem Buch *Au temps des catastrophes* (»In Zeiten der Katastrophen«): »Ich würde nicht so weit gehen, unsere ›Verantwortlichen‹ zu bedauern, aber ich bin überzeugt: Wenn es uns gelingt, ihnen eher im Modus der Bemitleidung als der Denunziation gegenüberzutreten (als wären sie tatsächlich für die Situation ›verantwortlich‹!), dann könnte diese Adressierung eine gewisse Effizienz entfalten.« (Stengers 2013, 23) Stengers definiert Freiheit als die Fähigkeit einer Gemeinschaft, sich ihre eigenen Probleme auszusuchen und zu schaffen.[31] Während ein äl-

31 Dies sagt sie in dem Biopic *Building Hope at the Edge of the Abyss* (2023) von Fabrizio Terranova.

terer, liberaler Begriff von Freiheit die Abwesenheit oder Lösung von Problemen fordert (und gerne auch an eine höhere Instanz delegiert), würde dieser anarchistische Freiheitsbegriff die Machtposition hinter diesem Verständnis von Problemen hinterfragen: Durch diese ermächtigende Ontologie ist die Definition von Problemen nicht mehr technokratisch und unhinterfragt für alle Beteiligten gleichermaßen gültig, sondern einer der zentralen Orte politischer Auseinandersetzung. Das Definieren von Problemen ist so wesentlicher Aspekt gesellschaftlicher Öffentlichkeit, was autonome Zonen und andere Alternativversuche beständig unterstreichen. Dann übernimmt man als Aktivist*in nicht mehr unhinterfragt die Probleme »der Mächtigen«, die diese nicht lösen können (oder wollen), in dem man diese im Modus der Denunziation anklagt, sondern hinterfragt den dahinter liegenden Machtapparat, der diese Probleme erst als relevant definiert. Stattdessen fordert man radikal andere kosmologische und kommunardische Ansätze, die andere – lebenswertere und solidarisch lösbarere – Probleme als öffentliches Streitgut entstehen lassen.

Hier zeigt sich auch, dass der alleinige Modus der Anti-Haltung schon deshalb politisch unproduktiv ist, weil er Bestehendes festschreibt. Geht es in der Emanzipationsgeschichte der demokratischen Gesellschaft doch genau darum, nicht nur alte Normen und alte Rechte als gesellschaftspolitisch falsch, unrecht und überholt zu skandalisieren, sondern auch darum, neue Rechte und neue Normen politisch durchzusetzen und institutionell zu garantieren.

Auch hierbei ist das Beispiel der ZAD lehrreich, die ideengeschichtlich das Erbe der TAZ – *temporary autonomous zone*, »temporäre autonome Zone« nach Hakim Bey (2003 [1991]) – antritt. Die ZAD erkennt, dass temporär befreite Zonen zwar den Befreiungskampf inspirieren können, aber eben immer nur kurze Ausnahmen bleiben. Dieses in den 1990er Jahren vieldiskutierte und bei Raves und Straßenbesetzungen eingesetzte Konzept der TAZ fordert für eine kurze Atempause die Befreiung von bestimmten Zonen aus dem Kapitalismus. Aber die Anstrengung war bei der bloß temporären und lokalen Verweigerung der bestehenden Ordnung auf Dauer zu groß und ineffizient. Wie es Isabelle Fremeaux und Jay Jordan in ihrer Erfahrung mit temporären autonomen Zonen im Kontext der britischen Bewegung *Reclaim the Streets* beschreiben: »Oft verspürten wir ein wiederkehrendes Gefühl der Bedrückung, wenn wir aus einer weiteren TAZ zurück in die Metropole kamen, weil wir tief drinnen spürten, dass unsere Lebensform genau diejenige Kultur und dieses System fütterte, das wir eigentlich demontieren wollten.« (Fremeaux & Jordan 2021, 40)

Um eine größere Dauerhaftigkeit zu erreichen, könnten manche Praktiken und Nutzungen als potentielle neue öffentliche Güter festgeschrieben werden: Etwas, das bislang noch als privates Gut und Eigentum galt, könnte in Zukunft ein gemeinsam genutztes und reproduziertes Gut sein. Die ZAD könnte demnach von progressiven Politiker*innen als notwendige Weiterentwicklung der bestehenden Ordnung anerkannt werden, um in Zeiten der ökologischen Katastrophe positive Handlungsfähigkeit auch staatlich-institutionell zu begünstigen. Wichtige Vorarbeit hierzu leistet die Rechtsphilosophin Sarah Vanuxem, die vom Ökofeminismus und Philippe Descolas Arbeit zum Naturalismus ausgehend vorschlägt, den Eigentumsbegriff nicht abzulehnen, sondern im Zeitalter der ökologischen Katastrophe weiterzuentwickeln. In ihrer Schrift *La propriété de la terre* («Das Eigentum der Erde«) von 2018 zeigt sie, dass links-anarchistisch geprägte Rechtsphilosophien, die im Eigentum bloß einen Feind erkennen, den es abzuschaffen gilt, übersehen, dass unsere Rechtsformen um vieles pluralistischer und durchmischter sind, als es von links und rechts oftmals suggeriert wird. Der derzeit herrschende Begriff von Eigentum besteht ihr zufolge aus historisch gewachsenen und sich verändernden, teils widersprüchlichen Schichten und Ebenen. Im Falle Frankreichs weist Vanuxem darauf hin, dass der französische Rechtsapparat aus einer Multitude von germanischen, fränkischen, römischen und postrevolutionär-bürgerlichen Elementen besteht, die sich geschichtlich stets partiell verschoben haben, um die herrschenden Interessen zu repräsentieren. In einer Zeit, in der die Sorge um die Überlebensbedingungen des Planeten in den Fokus des herrschenden Diskurses gerät, spricht nichts dagegen, diese diversen und disparaten Elemente des bestehenden Rechts weiterzuentwickeln. Denn Eigentumsrecht war immer ein lebendiger Prozess der Anpassung an gegenwärtig herrschende Wertregime, Situationen und Notwendigkeiten und des Re-Mixing mit ihnen. Es wäre im historischen Langzeitrückblick eher die Ausnahme, wenn Eigentum in hundert Jahren noch genau dieselbe rechtliche Form hätte wie heute. So zeigt Vanuxem in ihrer Pionierarbeit, dass die herrschende Form des bürgerlichen Privateigentums an sich eine starke Verkürzung älterer Rechtsschichten ist, die sich im Sinne einer Ökologisierung der Gesellschaft (die ja fast alle Staaten zumindest auf dem Papier als dringenden Wertewandel anerkennen) reaktualisieren und bestärken ließen.

Die linke Kritik am Eigentum ist richtig, betrifft aber großteils die liberale und bürgerliche Idee von Eigentum als abstraktes, global austauschbares Waren-Objekt, das vom Privatsubjekt unbegrenzt ausgebeutet und ohne weitere Bedingungen weiterverkauft werden kann. Vanuxem betont, dass diese Auslegung von Eigentum als private Relation zwischen (aktivem) Subjekt und (passivem) Objekt vergleichsweise jung ist. Erst im 19. und 20. Jahrhundert hat sich diese bürgerlich-kapitalistische Eigentumsform gegen ältere, kommunalere Eigentumsbegriffe vollständig durchgesetzt, die im Eigentum vielmehr ein Milieu des Zusammenlebens gesehen haben, ersichtlich beispielsweise an den Rechtsformen mittelalterlicher Klöster, die nicht als Eigentum einer oder mehrerer Personen verstanden wurden, sondern als kommunale, sich selbst besitzende Wohnorte.

Die ZAD könnte demnach ein präfiguratives Update dieses älteren, kommunaleren Eigentumsbegriffs darstellen, wenn man Akteur*innen in der Politik zu dieser Reform und zu einer Anpassung des Rechtsapparats an veränderte Bedingungen bewegen könnte. Eine wesentliche Erneuerung dieses ursprünglich mittelalterlichen Eigentumsbegriffs durch die ZAD wäre, dass die kommunalen Bedingungen des Gebrauchens und Verweilens, die im Eigentum ihren Ausdruck finden, nicht mehr rein menschlich gedacht werden, sondern auch andere Lebensformen beinhalten. Eigentumsrecht wäre dann das Bewohnungs-, Bleibe- und Nutzungsrecht einer möglichst biodiversen und resilienten Assemblage aus Akteur*innen, die Gebäude, Gewässer, Berge, Landschaften, Luft, Tiere, Menschen und Pflanzen gleichermaßen umfasst. Durch eine solche Reform des Eigentums wäre es dann das langjährige gemeinsame Bewohnen und Bearbeiten eines Ortes in Kollaboration und wechselseitiger Abhängigkeit, welches ein kommunales Eigentum als Prozess der Teilhabe erzeugt. Dies deutet auch schon Eva von Redecker in ihrem Buch *Revolution für das Leben* (2020) an. »Gewöhnung« und »Bewohnung« werden so ökologisch und rechtlich zusammengebracht, wie es auch bereits in den französischen wie in den deutschen Worten angelegt ist, wo sich *habiter* (»wohnen«, »Bewohnung«) sprachlich in unmittelbarer Nähe des Wortes *habituer* (»sich gewöhnen«, »Gewöhnung«) befindet. Man könnte dann im Rahmen eines solchen Eigentumsbegriffs nur das besitzen, an das man sich in seiner Mannigfaltigkeit mit anderen Bewohner*innen bereits gewöhnt hat – mit dem man also eine bleibende und sorgende Verbindung mit einem Ort aufgebaut hat. Es ist das Wohnen und Gewöhnen in einer spezifischen Umwelt, das die Vorbedingung eines *ökologischen* Eigentumsrechts ist, welches nicht mehr der Logik der universellen Austauschbarkeit folgt. Durch einen solchen erneuerten Eigentumsbegriff, der diametral dem abstrakten Eigentumsbegriff des liberalen Kapitalismus entgegensteht, kann man aus der reinen Ablehnungshaltung hinausfinden und an neuen Mehrheiten arbeiten, die das Eigentum in den materiellen Bedingungen unseres Planeten verankern können.[32]

14 Sieg oder Verrat? Die Legalisierung der ZAD und der Kampf um das Gemeineigentum

Durch das unglaubliche Mobilisierungspotential während mehr als zehn Jahren Besetzung und den großteils erfolgreichen Widerstand gegen die gewaltvollen Räumungsversuche wurde der französische Staat mit der Zeit zu einem Verhandlungsprozess gezwungen und duldet mittlerweile

32 Mit dem Gewohnheitsrecht besteht schon heute eine schwache Vorform eines solchen neuen Eigentumsbegriffs, der sich politisch und aktivistisch als ein attraktiver Gegenstand der Forderung von radikaler Ausdehnung eignet: Wo bisher der Ankauf der klassische Weg zum Eigentum war, sollte es in Zukunft das Gewohnheitsrecht – also die Gewöhnung an etwas – sein. Dadurch kämen wir einer klassisch kommunistischen Forderung sehr nahe, allerdings würden durch eine solche Eigentumsreform nicht nur die Produktionsmittel, sondern auch die Wohnorte und Subsistenzmöglichkeiten wieder jenen gehören, die sie verwenden und die an sie gewöhnt sind.

die ZAD Notre-Dame-des-Landes (zumindest vorerst). Somit ist der erste Schritt der oben skizzierten Integration von Protestbewegungen gelungen, der das Ziel hat, die öffentliche Ordnung innovativ weiterzuentwickeln. Dies liegt aber nicht etwa daran, dass der Staat als öffentlich auftretende Einheit plötzlich so weit war, die immens wichtige ökosoziale Innovationsarbeit der ZAD von sich aus anzuerkennen. Ganz im Gegenteil: Nach der Aufgabe des Flughafenprojekts 2018 wurde erst einmal das bis dahin größte Polizeiaufgebot seit dem Mai '68 aufgewandt, um die ZAD gewaltvoll zu räumen. 2.500 Gendarmen – mit diversen Panzern, Drohnen und anderem Kriegsgerät – wurden für 400.000 Euro pro Tag mobilisiert, um das befreite Territorium in das kapitalistische System zu reintegrieren. Doch da die Zadist*innen das Gelände durch die jahrelange Bewohnung und Gewöhnung genau kannten und darauf zahlreiche so imposante wie kunstvolle Barrikaden errichtet hatten, konnten sie sich gegen dieses massive Aufgebot von Staatsgewalt vier Tage lang wehren. Der kriegsähnliche Zustand erfuhr eine breite mediale Berichterstattung und die Zadist*innen eine gigantische Solidaritätswelle aus dem ganzen Land und darüber hinaus. Die französische Umweltministerin Ségolène Royal befürchtete 2016 sogar öffentlich, dass der Konflikt in einen Bürgerkrieg ausarten könnte.

Aufgrund dieser angespannten Lage sah sich der Staat gezwungen, seine Taktik zu ändern.[33] Nach vier Tagen er-

---

33 Der schwedische Öko-Marxist Andreas Malm (Malm 2020) argumentiert, dass soziale Bewegungen zumeist nur dann wirklich Erfolg haben, wenn es in ihnen Segmente gibt, die zu Gewalt gegen Dinge oder Menschen bereit sind. Demnach konnten so berühmte Akteure des »Peaceful Protest« wie Martin Luther King oder Mahatma Gandhi nur deswegen Erfolg haben, weil Teile »ihrer« Bewegung auch zur gewaltvollen Eskalation bereit waren (z. B. die Black Panthers oder Malcolm X

folgloser Räumungsversuche wurden diese abgebrochen und den Zadist*innen Verträge angeboten, die ihre Existenz auf dem Gelände Notre-Dame-des-Landes rechtsstaatlich legalisieren würden. Tatsächlich hatten die Zadist*innen schon vor dieser Kriegshandlung ein Kompromissangebot eines umfassenden Pachtvertrags (»all-encapsulating global lease«, Fremeaux & Jordan 2021, 91) für das gesamte Gelände formuliert. Ein solches Übereinkommen hätte das Land als kollektiv verwaltetes und besessenes Common deklariert und legalisiert. Doch der Staat ließ sich darauf nicht ein und pochte als Gegenangebot auf die Unterscheidung zwischen »illegalen« Besetzer*innen und »legalen« Bäuer*innen (die zum Teil davor schon da waren und enteignet worden waren), denen man bloß als Einzelperson individuelle Verträge anbot. Dieses Angebot wurde als fauler Trick erkannt, der auf die Spaltung der gewachsenen widerständigen Community abzielte, weil er das für alle Zadist*innen zentrale Common negierte. Das »zu Verteidigende« (*à défendre*) der ZAD war auch auf eine andere, kommunalere Lebensweise gemünzt. Nach vier Tagen weiterer erfolgloser Gewalt gab der Staat zwar die Unterscheidung zwischen »illegalen« und »legalen« Besetzer*innen auf, beharrte aber weiterhin darauf, Verträge nur an Individuen, nicht aber an Kollektive, Vereine oder Genossenschaften zu vergeben. *Commoning not allowed.* Weiterhin waren Landverträge nur für landwirtschaftliche Nutzung zu haben, alle anderen Aktivitäten wie die Recycling-Werkstatt, die Schuhmacherei, das Musik-Studio, die Tischlerei

oder die Ambedkar-Fraktion in Indien). Nur so gebe es auf Seiten der Mächtigen einen Anreiz, sich mit den friedvollen Protestierenden zu einigen. Eine ähnliche Dynamik könne man wohl bei dem Beispiel der ZAD NDDL und dem medialen Gespenst des »Bürgerkriegs« erkennen. Jedoch mit folgender Erweiterung: Vielleicht genüge auch die mediale Inszenierung einer potentiellen Eskalation.

oder die Schmiede, die die zukunftsfähige Pluralität der Lebensformen in der ZAD erst ausmachen, sollten untersagt werden. Ländliches Leben sollte also in seine graue Monotonie von stumpfer Feldarbeit auf Monokulturen zurückgedrängt werden, aus dem keine Widerständigkeit mehr wachsen kann.

Viele Zadist*innen sahen in diesem zynischen Vertragsangebot eine »Rache an den Commons«, die darauf ausgelegt war, das kollektiv-utopische Leben der ZAD zu vernichten. Isabelle Fremeaux und Jay Jordan, die an dem Verhandlungsprozess beteiligt waren, drücken es folgendermaßen aus: »Für viele war die Vorstellung, die Verträge zu unterzeichnen, ein Akt der ehrlosen Kapitulation. Sie meinten, wir sollten uns einfach weiter verbarrikadieren und bis zum bitteren Ende kämpfen. Aber uns standen gepanzerte Fahrzeuge und Tausende von Polizist*innen gegenüber, die bereit waren, alles zu zerstören, wenn wir kein Anzeichen von Gefügigkeit zeigten. Und so erschien vielen, auch uns selbst, das Kräftegleichgewicht als zu ungünstig, [um weiter zu kämpfen].« (Fremeaux/Jordan 2021, 95–96)

Die Mehrheit der Zadist*innen entschied schließlich, die Verträge zwar vordergründig anzunehmen, diese aber in einem elaborierten Prozess zu *hacken* und für ihre Zwecke umzuwidmen. Hierzu wurde das »Administrative Selbstverteidigungsbüro« in der zum Glück noch nicht zerstörten Bibliothek gegründet:

> Dutzende von Menschen, von denen viele die letzten Tage auf den Barrikaden verbracht hatten, beschlossen, nun dieselbe Kampfenergie in den Bau einer Barrikade aus Papieren zu stecken. Wir liefen mit Ordnern herum, studierten Karten, tippten in Computer, hielten Treffen ab und machten Anrufe. Genoss*innen mit rechtlicher und administrativer Erfahrung entwarfen eine Strategie, wie man die hyper-individualistische Form

> der staatlichen Vorlage in ein extrem komplexes Werk verwandeln konnte, das unsere kollektiven Interdependenzen sowohl beweist als auch verteidigt. Auf jedem Formular fand sich die Unterschrift eines Individuums, aber sie alle waren auch als Kollektiv registriert. Das war ein Weg, um die Anordnung, atomisiert und auf landwirtschaftliche Projekte beschränkt zu werden, zugleich zu verweigern und zu befolgen. (Ibid., 97)

Mit diesem so genannten *gamble of the forms* (»Zocken mit den Formularen«) versuchten diejenigen Zadist*innen, die zum Assimilierungsprozess zumindest prinzipiell bereit waren, das über die Jahre in der ZAD Aufgebaute zu bewahren und auf stabilere Beine zu stellen. Gleichzeitig sahen sie diese Taktik als eine Form des »administrativen Widerstands« gegen die planungsrechtliche Logik der Flächennutzung an, nach der »ländliche Räume nur Bauernhöfe (eigentlich aber eher fabrikähnliche Farmen) beheimaten dürfen, Handwerker in Metall- und Plastikzonen an den Stadträndern geparkt werden und Dörfer zu Schlafstädten werden. Aber unser Territorium ist lebendig mit Landwirtschaft *und* Forstwirtschaft *und* Zimmereien *und* Buchweizenanbau *und* Mühlen *und* Pfannkuchenbacken *und* Büchereien. Sie sitzen nicht nur nebeneinander, sie arbeiten und leben zusammen, nähren sich gegenseitig« (Ibid.).

63 der 70 Kollektive, die die ZAD damals bewohnten, entschieden sich dazu, bei diesem »Zocken mit den Formularen« mitzumachen. Selbst die staatliche Verwaltung war von diesem unter großer emotionaler Belastung und nach Tagen gewaltvoller Repression unter extremem Stress ausgearbeiteten *Hack* der eigenen bürokratischen Logik so überrascht, dass sie ihn einfach annahm. Die meisten Kollektive und Strukturen aber, die sich gegen diesen Kompromiss mit der staatlichen Ordnung entschieden hatten, wurden gleich darauf mit Polizeipanzern geräumt und ihre

Häuser zerstört. Laut einem anonym verfassten Text über den »Sieg der ZAD« kämpften die Unterzeichnenden trotzdem solidarisch Seite an Seite mit denen, von denen sie teilweise als Verräter*innen diffamiert wurden.[34] Manche staatlich weiterhin nicht anerkannte Kollektive – wie z.B. *La Crée*, die bis heute von Barrikaden umgeben ist – konnten bestehen, der Großteil wurde allerdings brutal zerstört (wobei manche – wie z.B. *La Boite Noire* – seitdem wieder klandestin aufgebaut wurden). Die Kollektive der Unterzeichnenden bestehen bis heute und befinden sich weiterhin – seit sechs Jahren – in einem Verhandlungsprozess über die konkrete Form der Verrechtlichung der ZAD. Zum Zeitpunkt der Niederschrift dieses Buches herrscht unter den verhandelnden Zadist*innen die Angst, dass unter einer möglichen Regierung des neofaschistischen Rassemblement National der Staat wieder auf seinen unbarmherzigen Gewaltkurs umschwenken würde. Aus diesem Grund fühlen sich viele dem Stress ausgesetzt, bis zur nächsten Präsidentschaftswahl 2027 zu einer Einigung kommen zu müssen. Dies zeigt anschaulich, dass die ZAD trotz aller Autonomiebestrebungen weiter von den – teils selbst erkämpften, großteils aber auch über die Reichweite der ZAD hinausgehenden – Kräfteverhältnissen auf nationaler Ebene abhängig ist.

Innerhalb der anarchistischen und aktivistischen Szene führt die Episode des Kampfes um Duldung bis heute zu teils hitzigen Debatten. Radikalere (oder dogmatischere?) Anarchist*innen innerhalb und außerhalb der Bewegung werfen jenen Zadist*innen, die Verträge unterzeichnet haben, bis heute Verrat an der politischen Ideologie sowie taktische Fehler in Form von unnötigen, die eigene Po-

34 *Considérations sur la victoire (et les conséquences) depuis la zad de Notre-Dame-des-Landes* («Betrachtungen über den Sieg (und seine Konsequenzen) aus der ZAD von Notre-Dame-des-Landes«), Anonym/Au Fil du Temps 2019.

sition schwächenden Zugeständnissen vor.[35] Anarchist*innen und andere Widerständige dürften demnach nicht mit »dem Feind«, »denen da oben«, der Struktur, die man überwinden will, paktieren. Man warf den Unterzeichner*innen vor, die Autonomie und politische Linie der ZAD zugunsten des eigenen Vorteils aufzugeben. Die andere Seite verteidigt ihre Vorgehensweise damit, dass in der bestehenden Situation der massiven Gewaltandrohung, der man nicht lange hätte standhalten können, eine von James C. Scott als Dissimulation bezeichnete Taktik die beste und pragmatischste war. Wie es Isabelle Fremeaux und Jay Jordan ausdrücken:

> So tun, als ob man ihre Erwartungen erfüllt, indem man ein Scheinbild des Erwarteten ohne dessen Inhalt produziert. [...] Das »Zocken mit den Formularen« war ein Trick, der darauf abzielte zu verhindern, dass die ZAD nur wieder ein weiteres Strohfeuer in der Geschichte wird, eine neue freie Kommune, die kurz aufscheint und in einem Blutbad endet, ein heldenhaftes Experiment, geopfert auf dem Altar radikaler Reinheit. Wenn alle es abgelehnt hätten, die Papiere zu unterzeichnen, wären zweifellos *alle* Zadist*innen geräumt und dann in alle Welt zerstreut worden. Trotz der tiefen Trauer über den Abschied so vieler schwer enttäuschter Genoss*innen wollten wir, die unterschrieben, nicht die Verbindungen loslassen, die wir zu den Bewohner*innen der Gegend, Bauern und Bäuerinnen, Rentner*innen, städtischen Arbeiter*innen und Streuner*innen aller Art aufgebaut hatten. Wir konnten die Eulen, die schwarzen und gelben Ringelsalamander, die verknorzten Eichen, den Schlamm und die Schwalben nicht verlassen. (Fremeaux & Jordan 2021, 99–100)

---

35 Siehe neben Gelderloos (2024) z. B. den schon weiter oben zitierten, anonym verfassten Text »Réflexions à propos de la ZAD« (Crimethinc 2019).

Bei dieser hier skizzierten Frontlinie zwischen Hardlinern und Pragmatiker*innen handelt es sich um eine Debatte, die fast alle emanzipatorischen Projekte auf die eine oder andere Art kennen. Sobald die bestehende Ordnung als korrupt, falsch, sexistisch, rassistisch, kolonial, umweltzerstörend, homophob etc. erkannt wird und die eigene Politik eine andere, bessere Welt erkämpfen (und präfigurieren) will, stellt sich sehr bald die Frage, wie viel Abstand gesund oder notwendig ist, um glaubwürdig zu sein. Eine Position der radikalen Reinheit (»radical purity«), wie Isabelle Fremeaux und Jay Jordan sie bezeichnen, ist hierbei naheliegend und verlockend. Man will einfach nichts mit dem ganzen System zu tun haben und sich gänzlich davon lossagen.

Ein sich verraten fühlender anonymer Kommentator der ZAD bemerkt, dass der Vorwurf des Purismus immer leicht für jene ist, deren Toleranzgrenze für Kompromisse niedriger ist als die anderer:

> Es ist leicht, den Purismus-Vorwurf zu erheben, wenn andere ihre ethischen Grenzen vor dir erreichen. Das ist besonders wahr, wenn man auf die Sympathie der Liberalen abzielt. Liberale lieben es zu hören, dass diejenigen, die sich weigern, im Widerspruch zu ihren eigenen ethischen Vorstellungen zu leben, »unpraktisch« sind – das liefert ihnen eine Ausrede für ihre Heuchelei. Die Vorwürfe »puristisch« und »radikal« dienten oft dazu, die Position einer Person zu diskreditieren. (Crimethinc 2019)

Eine Gegenstimme und Verteidiger*in des »Siegs« der ZAD entgegnet darauf, dass diejenigen, die auf dieser Position insistieren, es in Wirklichkeit ablehnen, »den Sieg auf sich zu nehmen«, und wirft den Hardlinern eine quasireligiöse dunkle Ethik vor, die das unmögliche Motto vertritt: »Siegen heißt, auf die dunkle Seite der Macht zu wechseln.«

Die Anhänger der These der Niederlage und des Verrats leugnen demnach auch, »dass die Aufgabe des Flughafenprojekts ein wirklicher Sieg war. [...] Schließlich hatte man ja immer gefordert: ›[Gegen den Flughafen] *und seine Welt*‹! Dieser Zusatz beschwört für sie die totale und gleichzeitige Niederlage von Kapitalismus, Staat, Rassismus und Patriarchat, ohne deren Überwindung nichts jemals gewonnen ist.« (Anonym/Au Fil du Temps 2019, 21–22) Die Autor*innen argumentieren weiter, dass keine Barrikade die staatliche Macht ohne lokale und öffentliche Unterstützung aufhalten kann. Die puristische Position übersehe, dass der entscheidende Faktor das momentane Kräfteverhältnis ist, bei dem strategisch abzuwägen ist, wann eine Barrikade hilft (als Bollwerk gegen Polizeipanzer) und wann sie mehr schadet (weil sie zum Beispiel die solidarischen Bewohner*innen der Umgebung gegen die Bewegung aufbringt). Das zeigte sich beispielhaft bei der hoch umstrittenen Frage, ob die Blockade der Départementstraße 281, die durch das besetzte Territorium führt, aufgehoben wird oder nicht. Wie die Autor*innen des Textes *Considérations* schreiben: »In der allzu berühmten Fabel der Binarität von ›integren und radikalen Besetzer*innen‹ gegen ›Verräter*innen des Kampfes, die bereit sind, sich für die Legalisierung zu verkaufen‹, steckt genau die Bestätigung des Narrativs der Regierung, die die öffentliche Meinung auf einen ›chirurgischen Eingriff‹ gegen ›eine Handvoll Unbelehrbarer‹ vorbereitet, da sie nicht alle vertreiben kann« (Anonym/Au Fil du Temps 2019, 22). Es ist unterkomplex, den Erfolg gegen den Flughafen als reinen Ausverkauf an den Staat zu verstehen, weil es tendenziell die jahrzehntelange politische Arbeit an einem widerständigen Kräfteverhältnis negiert, die den Erfolg erst denkbar und dann wirklich gemacht hat. Der zu leichtfertige Vorwurf der »Niederlage« der ZAD bestätigt den Versuch der rückwirkenden Vereinnahmung durch staatliche Akteur*innen, wodurch ironischerweise Hardliner und Staatsvertreter*innen an ein und demselben politisch sterilen Narrativ mitwirken:

> Auf der anderen Seite erfordert die Behauptung des Sieges, diesen auch gegen die unvermeidlichen Umschreibungen zu verteidigen, die ihn seines grundlegenden politischen Gehaltes zu entleeren versuchen: ein Sieg *des Kampfes* gewesen zu sein, und nicht Ausdruck einer sogenannten späten Bewusstwerdung der neuen Regierung über die zweifelhafte Nützlichkeit des Projekts. Aber man kann sich gut die Spannung vorstellen, die zwischen diesen beiden Notwendigkeiten entsteht: die Bedeutung des Kräfteverhältnisses zu verteidigen in genau dem Moment, wo man versucht, es provisorisch zu stabilisieren mit einem Vertrag über die Beendigung des Konflikts auf einigen Ebenen, vor allem der militärischen. (Anonym/Au Fil du Temps 2019, 24)

Als nicht direkt am Kampf Beteiligte liegt uns hier nicht daran, eine definitive Position in dieser internen Kontroverse zu beziehen. Manche der Forderungen der Hardliner sind uns sympathisch und als langfristige Ziele weiterhin wünschenswert – wie etwa Tempo 30 und Tierquerungshilfen entlang der beiden durch die ZAD führenden Landstraßen oder ganz einfach die Möglichkeit, ohne staatliche Aufenthaltstitel oder Planungshoheit leben zu können. Der Purismus und die Maximalforderung haben auf jeden Fall ihre wichtige Funktion beim Herstellen eines günstigeren Kräfteverhältnisses, bei dem bislang Verbotenes möglich werden kann. Doch wenn man den Sieg nur anhand der Maximalforderung (Sieg nicht nur gegen den Flughafen hier, sondern gegen seine gesamte Welt überall) misst, kommt man schwer irgendwo zum Landen und kann nur seltenst Bindungen zu einem Territorium und seinen soziokulturellen und ökologischen Widersprüchen herstellen.

In Zeiten jenes extremen Stresses, den polizeiliche Repression, rechtliche Verfolgung und gesellschaftliche Marginalisierung auslösen, entstehen Bruchlinien, die vor dem Hintergrund der jeweiligen persönlichen Biografie und Erfahrungsgeschichte zumeist verständlich sind. Eine solidarische Aushandlung dieser Dissense steht bisher noch aus. So gelingt es der herrschenden Ordnung immer wieder, Keile in wichtige Solidaritätszusammenhänge zu treiben und »Verräter*innen« gegen »Purist*innen« auszuspielen. Doch aus dem Luxus der Reflexion, den sich dieses Buch leistet, lassen sich an diesen Bruchlinien größere Dynamiken beschreiben, die uns interessant und lehrreich für eine zukünftig hoffentlich an Fahrt gewinnende radikale Emanzipationspolitik erscheinen.

Hierbei ist ein Merkmal zentral, das die ZAD gegenüber fast allen anderen Besetzungen und Widerstandsbewegungen in Europa herausstechen lässt: die Dauerhaftigkeit, von der im Zusammenhang mit Bruno Latours Bemerkungen zur ZAD weiter oben schon die Rede war.

> Ganz zu schweigen von der langen Zeitlichkeit der Ökosysteme findet sich der Mangel an Perspektiven, den die ZAD zu beheben versucht, auch auf der Ebene des menschlichen Lebens wieder. Es gibt nur wenige Kämpfe, die sich mit der Frage beschäftigen können, wie man in ihnen altert. Die Anti-Flughafen-Bewegung ist eine solche Bewegung – vielleicht liegt das an der starken Durchmischung der Generationen, die sie kennzeichnet. Die ewige Jugend der Aktivist*innen ist ein trauriger Trugschluss: Die Generationen vergehen so schnell wie die Moden, wenn sie keine gangbaren Wege finden und aufzeigen, die mehr als Abstellgleise sind. Kinder großzuziehen, den Druck wirtschaftlicher Zwänge zu mindern, die Abhängigkeit, die das Alter mit sich bringt, als Verlängerung der Bindungen zu betrachten, die ein Leben ausgemacht haben, und nicht als Belastung für die Gesellschaft: Für all dies

> braucht man kollektive Räume, die sich im Kampf um Notre-Dame-des-Landes herausgebildet haben, wo es andernorts sonst viel zu oft genau diese Sorgen des Lebens sind, die einen dazu zwingen, sich vom Terrain des politischen Konflikts zurückzuziehen. (Anonym/Au Fil du Temps 2019, 32)

Aus dieser Perspektive beginnt die eigentliche revolutionäre Arbeit erst, wenn der äußere und klar sichtbare Feind besiegt ist: Wenn das Nein zum Flughafen Erfolg hatte, stellt sich das Ja als vielleicht noch größere Herausforderung dar, weil es hierbei viel weniger Erfahrungen und Präzedenzfälle in der autonomen antikapitalistischen Szene gibt. Dann geht es ums Landen, ums Dauern und Bleiben: »Bleiben impliziert notwendigerweise, ein mehr oder weniger explizit ausgehandeltes stabiles Gleichgewicht im Kräfteverhältnis mit der Staatsmacht zu erreichen« (Ibid., 22). Dieses Gleichgewichtsverhältnis wird sich hoffentlich im Laufe der Zeit zugunsten der revolutionären Ziele verschieben. Allerdings muss das Gleichgewicht stets und an jedem Zeitpunkt gehalten werden, damit die Bewegung nicht wieder zusammenbricht und zerstreut wird. Solange ein erkämpftes Gemeinwesen auch unter den schwierigsten Bedingungen gehalten werden kann, kann man sich den sonst selten auch nur adressierbaren Fragen stellen: Wie baut man nichtstaatliche Gegeninstitutionen der Altersvorsorge, der materiellen Umverteilung, der Sichtbarmachung von Care-Arbeit etc. auf, die das Überdauern der ZAD und ihrer Bewohner*innen über eine Zeit der zumeist jugendlichen Verausgabung hinaus revolutionär ermöglichen kann?

Ein häufiges Missverständnis von Anarchist*innen ist, zu glauben, dass Institutionen per se staatlicher Natur sind. Doch im Konflikt um die Legalisierung der ZAD zeigt sich, dass die noch wichtigere Aufgabe autonomer Besetzungen nach dem Nein zu den bestehenden Institutionen die Arbeit am Ja für eigene und bessere Institutionen ist. Commoning ist eine Art radikaldemokratischer Institutionalisierung in sich selbst.

Das in der ZAD erfolgreich erkämpfte Common bedeutet alles andere als »Jede*r macht einfach sein*ihr Ding«, wie Isabelle Stengers bei einem einflussreichen Vortrag in der Bibliothek der ZAD 2018 – für manche schmerzhaft – herausstrich (Anonym/Au Fil du Temps 2019, 29). Ganz im Gegensatz zu dieser eigentlich neoliberalen Vereinzelung ist das Commoning ein immer konfliktreicher und problembeladener Prozess, der in Bewegung bleiben muss, um »eine grundlegende revolutionäre Bewegung« zu sein. Denn

> die Existenz einer solchen Bewegung ist vielleicht die einzige Form, um Teilsiege zu bekräftigen und ihnen Legitimation zu verleihen – und es ist sicherlich auch die beste Möglichkeit, etwas aus unseren Niederlagen zu machen. Man könnte diesen Begriff der »Teilsiege« als Ratifizierung eines günstigen Kräfteverhältnisses definieren, welches seinen Vorteil innerhalb einer asymmetrischen Auseinandersetzung maximal ausreizt, ohne eine Niederlage zu riskieren. Man braucht eine bestimmte historische Vision, um diese Form der Verzögerung als Form einer offensiven Strategie zu verstehen. Es ist diese Art von Geschichtsvision, die weder linear noch präsentistisch ist, die es auf den Ruinen des revolutionären Progressivismus mit Experimenten wie der ZAD wieder aufzubauen gilt. (Anonym/Au Fil du Temps 2019, 33)

15 Die Unreinheit von Staat, Recht und Eigentum als Feld der progressiven Intervention

Die Frage, die sich aus dieser Nacherzählung des sehr holprigen Prozesses der institutionellen Etablierung der ZAD ergibt, lautet: Wie viel Unreinheit, Kompromiss und Pragmatismus sind zulässig, um das erwünschte politische Ziel zu erreichen – also eine autonome Zone des Commoning, in der neue und radikal nachhaltige Lebensweisen im Sinne einer langfristigen revolutionären Perspektive erprobt werden können? Wie viel bedingtes Verschmutzen der Ideale ist vertretbar, um deren Tragweite zeitlich und räumlich ausdehnen zu können?

Im Falle der Legalisierung der ZAD NDDL erschien diese Frage den meisten Aktivist*innen als eine des Seins oder Nichtseins. Ohne das »Zocken mit den Formularen« wäre die ZAD wohl heute Geschichte und könnte sich in die lange Reihe von Projekten einreihen, die eine Art Märtyrer-Status in kleinen Szenen haben, landläufig aber bald vergessen sind. Isabelle Fremeaux und Jay Jordan beschreiben dies so: »Für diejenigen von uns, die das Zocken akzeptierten, war und bleibt es voller Unsicherheiten und möglicher Fallen. In einer tief verwundeten und traumatisierten ZAD setzten wir auf unsere eigene Fähigkeit, uns unter veränderten Bedingungen zurechtzufinden, inspiriert von einer uralten Strategie der Nonkonformität: Die Karte ist nicht das Gebiet.« (Fremeaux & Jordan 2021, 99) Es war eine Wette darauf, dass der eigene Kompromiss mit der herrschenden, problematischen Ordnung auf diese positiver einwirken kann, als das eigene Projekt davon Schaden nimmt. In einem demokratischen und lebendigen Prozess wird dieser Kompromiss immer auf Unsicherheiten aufbauen, die ihn gegenüber der harten Linie erst einmal argumentativ schwach erscheinen lassen. Man weiß ja selber nicht, ob man das Richtige gemacht hat, denn die eigenen Ideale decken sich viel mehr mit jenen der harten Linie als mit jenen derer, mit denen man Kompromisse eingeht (sonst wäre man kaum bei der Besetzung gelandet).

Doch anstatt sich dieser Ambivalenz und der regelmäßigen Selbstzweifel wegen große Gewissensbisse zu machen, könnte man sie auch folgendermaßen umdeuten: Sie sind das Indiz einer Anteilnahme nicht nur an demokratischer Kultur, sondern auch am Prozess des Lebens, der immer wesentlich mehrdeutig und widersprüchlich bleibt. Aus dieser Einsicht ergibt sich unseres Erachtens für die Linke die Aufgabe, eine politische Methodik zu entwickeln, die den immer »verunreinigt« verfassten Prozessen von Leben und Gesellschaft gerecht wird – einen radikalen und kämpferischen Pragmatismus der Erdgebundenen. Damit meinen wir eine Art situationsangepasstes Handeln, welches zwar vielleicht von hehren Idealen geleitet ist, diese allerdings nicht dem vorgefundenen Flecken Erde auf Biegen und Brechen aufzuzwingen sucht. Viel eher weiß diese Art Pragmatismus um die prekäre und flüchtige Gemachtheit seiner Ideale – und dass diese in einem Prozess des Landens in einem bestimmten Territorium jeweils sehr verschiedene Formen annehmen werden. Hierin liegt kein Verrat am Ideal, sondern ganz im Gegenteil, eine wiedergefundene »Treue zur Erde« (Nietzsche)[36], aus der alle Ideen sprießen und sich nur mit dieser konkretisieren lassen.

Auf einer weniger existenziellen Ebene, und vielleicht auch mit etwas weniger Pathos, lässt sich dieselbe Frage an der von uns spekulativ empfohlenen Förderung von ZAD-Bewegungen verhandeln. Wenn der große ökologi-

---

36 Für eine genaue Untersuchung dieses Begriffs und seine Übersetzung in linke Theorie siehe Kilian Jörg, *Ecological Reasonings* (2024), insbesondere Kapitel 2 und 11.

sche und soziale Wert der ZAD erkannt ist, so unser Argument, warum sollte sie eigentlich nicht von der öffentlichen Hand, von Staaten, Ländern und Kommunen gefördert werden, die sich doch ohnehin allesamt dem Ziel der ökologischen Transformation verschrieben haben?

Auf aktivistischer Seite wird ein solcher Vorschlag wohl teilweise auf ein sehr ähnliches Misstrauen stoßen wie das »Zocken mit den Formularen«. Wie kann man sich von einem Staat fördern lassen, der auch umweltzerstörende Großprojekte fördert, rassistische Ausschlüsse normalisiert und sexistische Strukturen fortschreibt? Bestätigt und legitimiert man damit nicht den Feind in seiner Macht? Doch zu ähnlichen Bedenken käme man sicher auch auf der staatlich-repräsentativen Ebene: Wie sollen wir Leute und Kollektive fördern, die zwar (möglicherweise) wertvolle Arbeit verrichten, dabei aber auch Gesetze und Vorgaben brechen?

Während eine rein präsentistische Perspektive solche Fragen als unlösbar erscheinen lässt und damit den Dualismus Bewegung vs. Staat verhärtet, hilft der historische Blick, die Essenz der jeweiligen Pole aufzuweichen. So wie Eigentum in Sarah Vanuxems Neuformulierung eher ein Milieu ist, ein unreines Patchwork aus diversen und sich teils widersprechenden Schichten sozialer, historischer und ökonomischer Auseinandersetzungen, so ist es auch beim Staat: Die heutigen staatlichen Ordnungen bestehen aus beinahe undurchschaubaren Schichten von monarchischen, aristokratischen, bürgerlichen, kapitalistischen, sozialistischen, anarchistischen, nazistischen, liberalen, christlichen usw. Elementen, die als Hybrid ein waberndes, keineswegs einheitliches Gefüge erzeugen. Dieses Gefüge wird sich in Zukunft auch weiterhin wandeln und verändern, so wie es das historisch immer getan hat. Um nur ein paar wenige Beispiele zu nennen: Die heutige staatliche Absicherung von Arbeitslosen und Erkrankten entspringt der anarchistischen Gewerkschaftsbewegung, die im Laufe des 20. Jahrhunderts im Zuge diverser sozialistischer Klassenkämpfe in die staatliche Ordnung integriert wurde. Die massive staatliche Förderung des Automobilismus entspringt in deutschsprachigen Ländern großteils der faschistischen Nazidiktatur, die ohne kritischen Blick in die Rechtsordnung der »Wirtschaftswunder«-BRD übertragen wurde. (Kunze 2022, Jörg 2024a) Die Funktion der Bundespräsident*in, die größtenteils nur symbolische Macht genießt und als Verfassungsgarant*in gilt, ist eine Übersetzung aus der Zeit der konstitutionellen Monarchie.

Auch heute ist die Kompetenzverteilung innerhalb der sogenannten Staatsmacht keine einheitliche oder klar vertikal verfasste: Die rechtliche Kompetenzverteilung zwischen Bezirken, Gemeinden, Bundesländern, Ministerien, Staaten und Staatenverbänden ist intrinsisch chaotisch und führt auch heute schon – aus streng logischer Sicht – zu widersprüchlichen Fördersituationen und Rechtsregimen. So können mit EU-Förderungen LGBTQI+-Projekte im rechtlich trans- und homosexualitätsfeindlichen Ungarn durchgeführt werden, Grenzen werden von Staaten geschlossen, auch wenn dies gegen EU-Schengen-Recht verstößt, Bezirke können Diskussionen mit Vertreter*innen von Organisationen fördern, die der Staat als »verfassungsfeindlich« prüfen lässt, und Staaten können Infrastrukturprojekte auch gegen den Widerstand jener Kommunen durchsetzen, die von ihnen am meisten betroffen sind.

Uns geht es bei diesen Beispielen nicht darum, sie einzeln zu bewerten (auch wenn dies politisch notwendig ist), sondern aus ihnen zu lernen, dass eine komplexe Öffentlichkeit ohne autoritäre Ordnung immer von Widersprüchen durchsetzt sein wird, solange sie lebendig ist und sich weiterentwickelt. Diese widersprüchliche Lebendigkeit ist auch essentiell für den Fortschritt einer öffentlichen Förderung von autonomen Zonen, wie wir sie hier fordern. Die oben angeführten Bedenken von beiden Seiten lassen sich also nicht klären, da sie von einer Abgeschlossenheit von Entitäten der Öffentlichkeit ausgehen, die so nie gegeben ist (oder sein sollte).

Eine scharfe, puristische Ablehnung von Kapital, Eigentum und Staat ermöglicht zwar eine wichtige kritische Distanz, die viele radikale Projekte benötigen, um zu mobilisieren und zu motivieren. Doch das dabei manchmal bemühte Bild eines radikalen Außen ist nicht nur illusorisch, sondern verschenkt auch viel Potential, auf zukünftige gesellschaftliche Ordnungen Einfluss zu nehmen, die heute noch als »staatlich« und »kapitalistisch« begriffen werden.

Denn aus der nicht zu leugnenden Ungerechtigkeit, die Staaten im Kapitalismus bisher inhärent ist, zu ihrer fundamentalen und kategorischen Ablehnung zu kommen, würde metaphorisch bedeuten, sich die Luft zum Atmen zu nehmen. Im globalisierten Spätkapitalismus sind wir alle – besonders in Europa – von der Teilnahme an staatlichen Strukturen abhängig: sei es von Arbeitslosengeld, Straßen- und Verkehrsinfrastruktur, Alters- und Gesundheitsvorsorge, Bildungsinstitutionen, Grundrechten und sozialen Rechten sowie Förderungen und Subventionen aller Art. Selbst in der ZAD können sich auch die autonomsten der Autonomen nicht gänzlich davon freimachen. Alle politischen Lager, rechte wie linke, sind unter den bestehenden Bedingungen zu einer gewissen Nutzung der Staatsapparate, ihrer Rechte und Förderungen gezwungen. Anstatt sich dem nur in einer rein negativen und oftmals selbstbeschneidenden Weise zu verweigern, wird das revolutionäre Langzeitziel, das hier skizziert wird, die bereits bestehenden Strukturen progressiv, kreativ und anarchistisch zu wenden wissen. Der *gamble of the forms* der ZAD, aber auch die oben erwähnte Subventionspolitik von Longo Maï sind ein Beispiel dafür, dass das möglich ist.

Das bedeutet aber nicht, dass jedes Bedenken oder jeder kategorische Einwand von vornherein als falsch oder gar autoritär abgelehnt werden muss. Ganz ohne das Beharren auf großen, unverhandelbaren Idealen und roten Linien landet man vielleicht ebenso im neoliberalen Einheitsbrei wie das bestehende System. Aber vielleicht müssen wir uns den Prozess eher wie einen Rhythmus aus Einatmen und Ausatmen vorstellen: Zuerst lehnt man den Staat, das Eigentum und die herrschende Ordnung als Ganzheit und total ab, um den aktivistischen Schwung aufzubauen, eine radikale Alternative präfigurativ vorstellen und verwirklichen zu können. Doch wenn diese Verwirklichung (teilweise, zeitweise und lokal) gelungen ist, kann eine komplementäre Haltung des pragmatischen und langfristigen Landens und Situierens des uns motivierenden Ideals zielführend sein, um fühlen zu können, dass auch innerhalb der so genannten herrschenden Ordnung vieles so unklar und unrein ist, dass sich Veränderungen teils überraschend schnell entfalten können und sich Allianzen quer über alle Ebenen hinweg spinnen lassen. Und diese überraschenden Allianzen können eine viel größere Wirkmächtigkeit erlangen als vereinzelte Akteur*innen in der Isolation eines mutmaßlichen Außen. Auch wenn die herrschenden Strukturen (noch) kapitalistisch und (zunehmend) protofaschistisch erscheinen, erkennt man beim genauen Hinsehen diverse minoritäre Strömungen, die auch anderen, viel pluraleren Formen von Öffentlichkeiten und Ordnungen gegenüber prinzipiell offen wären. Die immense und vielschichtige öffentliche Unterstützung der ZAD zeigt diese Offenheit in beeindruckender Weise.

Denn wie bereits ausgeführt, ist das Identifikationspotential der herrschenden Ordnung inzwischen ja auf ein Minimum gesunken und selbst Staatsdiener*innen und Systemverteidiger*innen klammern sich eher aus Mangel an Alternativen und aus Angst vor dem großen Kollaps an die bestehende Ordnung, als mit Stolz hinter ihren Werten zu stehen. Sollte es gelingen, aus der ZAD oder anderen Projekten des autonomen, selbstorganisierten und bedürfnisorientierten Handelns Identifikationsprojekte mit genug Öffentlichkeit und breiter Ausstrahlung zu machen, könnten die von der Alternativlosigkeit des Systems mürbe gemachten Menschen bald von alleine den Wechsel zur anderen Seite vollziehen – so die Hoffnung. Dafür braucht es den Ausbau der bestehenden autonomen Zonen zu öffentlich geförderten Projekten, die ihrerseits ihre Berührungsangst mit der (noch) bürgerlichen Gesellschaft pragmatisch abbauen, weil sie darauf vertrauen, dass sie eine größere Strahlkraft haben als andere aktuelle Gesellschaftsprojekte. In jedem Fall bleiben die Widersprüche zwischen den staatlich-kapitalistischen Ordnungen und den zivilgesellschaftlich-aktivistischen Formen von Protest und Selbstorganisation bestehen. Ein Widerspruch, der sich nicht auflösen lässt, sondern der vielleicht sogar die Essenz der Demokratie selbst ist. Eine entscheidende Frage lautet dann: Welche politischen Felder müssen verbindlich und zentral per Gesetz geregelt werden, und welche experimentell auf einer lokalen, konkreten Ebene? Wie schon die radikaldemokratischen Varianten der Aufklärung mit Rousseau und Kant meinten: »möglichst wenig Gesetze«, möglichst wenig staatlich-hierarchische Regelungen – und möglichst viel demokratische Selbstorganisation und Selbstbestimmung (Maus 1992). Doch auch wenn diese Denker bisher von der bürgerlichen Philosophie des Liberalismus vereinnahmt werden, fordern wir, ihre Reduktion staatlicher Regulierung auch auf bislang »heilige« Domänen des Eigentums und Commonings auszuweiten. Dies würde eine neue Form von Demokratisierung auslösen. Eine Demokratisierung, die sich nicht mehr nur in Wahloptionen, sondern in einer Neuordnung der Bewohnungsformen äußern könnte.

16 Many New Deals zur fortschreitenden Abschaffung der Lohnarbeitsgesellschaft

In der widersprüchlichen und besorgniserregenden Situation der Gegenwart ist das Bedürfnis nach reinen Positionen und klaren Abgrenzungen affektiv verständlich, doch pragmatisch-politisch gefährlich, da es eine weitere Verhärtung der Positionen, Kollektive und Individuen befeuert. In einer hyperkomplexen Welt braucht es stattdessen eher eine Art Vertrauensvorschuss in ungefähr ähnlich gepolte Akteur*innen auf allen Ebenen, die eine radikal transformatorische »solidarische Arbeitsteilung« (Behr 2022) präfigurieren können. Nur durch solche unerwarteten Bündnisse kann eine wie am Ende von Kapitel 14 erwähnte Geschichtsvision Gestalt annehmen (»weder linear noch präsentistisch«), die einer alternativlosen Welt revolutionäre Ziele zumindest wieder in Sicht bringt. Das Vertrauen zwischen den verschiedenen Akteur*innen muss sich durch gemeinsame Gewöhnung aneinander bilden, in diversen sozialen Kämpfen und Bündnissen, die auch um ihre Verrechtlichung und Förderung ringen.

Entscheidend ist dabei die Frage nach der Qualität der Entscheidungen und Aushandlungsprozesse, also ob diese auf eine Art geführt wurden, in der sich die Mehrheit vertreten, umsorgt und verstanden fühlt. Das gilt auf allen Ebenen, von den autonomen Zonen bis hin zur staatlichen Gesetzgebung. An dieser Stelle könnten die klassische repräsentative Demokratie und die Parteien durchaus noch einmal eine neue deliberative, beratende Qualität erlangen, als, wie es im deutschen Grundgesetz heißt, an der politischen Willensbildung des Volkes Mitwirkende (anstatt tendenziell nur als Mehrheitsbeschaffungsinstrument für Regierungen). So könnten Volksabstimmungen auch auf

Bundesebene eine Scharnierfunktion zwischen den vertikalen Institutionen des Staates und den horizontalen Organen der sozialen Bewegungen und Unternehmungen der Gesellschaft übernehmen (wie dies auf Länderebene die Berliner Volksentscheide *Deutsche Wohnen & Co enteignen*, aber auch *Berlin autofrei*, *Berlin 2030 Klimaneutral* etc. vormachen).

Schließlich können sich rechtspopulistische Parteien auch deswegen als wahre Vertreter des Volkes gegen die Eliten inszenieren, weil sie (so zumindest die Lage in Deutschland) am vehementesten für Volksabstimmungen auf Bundesebene votieren (wenn auch mit im Detail rechts- und demokratiepolitisch zweifelhaften Verfahrensvorschlägen). Die anderen Parteien hingegen sind teilweise von einer eigenartigen Angst vor der Bevölkerung ergriffen und überlassen die Debatte der Rechten, wie Gertrud Lübbe-Wolff in ihrem Buch *Demophobie. Muss man die direkte Demokratie fürchten?* von 2023 zeigt. Dass Parteien wie die Grünen heute ganz einseitig für Bürger*innenräte und (ganz entgegen ihrer eigenen Parteigeschichte) gegen Basisdemokratie mit verbindlichen gesetzgeberischen Entscheidungskompetenzen votieren, zeigt eben, wie tief sie in ein letztlich expertokratisches Verständnis von Staat und Ökologie verstrickt sind. Doch nur wenn die seit einiger Zeit populär werdenden Bürger*innenräte verknüpft werden mit anderen basisdemokratischen Instrumenten, mit realen Entscheidungsbefugnissen (anstatt nur »Empfehlungen«), können sie eine demokratische Macht erlangen. Andernfalls könnte immer ein paternalistischer Rest in solchen Organen bleiben. Man sollte also nicht, wie es die große Mehrheit der Parteien ebenso wie der Wissenschaftler*innen aktuell tun, die Angst vor dem Volk weiter befeuern und so den Rechten Auftrieb geben. Man sollte sie eher durch neue, mutige und unorthodoxe Institutionalisierungen überwinden.

Bei solchen möglichen zukünftigen Volksabstimmungen geht es dann nicht nur um die Bereitstellung staatlicher Finanzmittel für einen ökologischen Umbau der Gesellschaft (und entsprechend notwendigerweise um eine ganz andere, viel gerechtere Belastung der Bürger*innen, also eine erheblich stärkere Besteuerung derjenigen Vermögen, die durch Erbschaft und Privateigentum das kollektiv erwirtschaftete Kapital privatisieren[37]). Neben diesen eher klassischen Reformen des bestehenden Systems könnte man zwei- oder mehrgleisig mit einer radikalen Reformbewegung auch so etwas wie die Installierung eines nachhaltigen, ökologischen, sozialen Arbeitsmarktes erkämpfen. Basisdemokratische Bewegungen und selbstorganisierte autonome Zonen könnten dann in Zukunft ein Teil dieses »zweiten Arbeitsmarktes« sein – nämlich der Teil, der sich selbst beauftragt und schon einmal vorangeht, anstatt auf einen staatlichen Auftrag zu warten. Und vielleicht teilt sich dieses Feld dann zukünftig auf: in eine Seite, die eher auf staatliche Beschäftigung setzt (und eine gewisse natürliche Affinität zu den staatlichen Hegemonieapparaten,

37 Vgl. Silke van Dyk, »(Ent-)Privatisierung und Kollektiveigentum. Von der Engführung der Verteilungsfrage zu einer neuen Politik des Öffentlichen«, 2022. Sie argumentiert, dass in der Ungleichheits- und Steuerdebatte viel zu sehr auf Einkommensunterschiede und viel zu wenig auf Vermögensunterschiede abgezielt wird – auch in linken Diskursen. Denn wo man das Ressentiment gegen ein Wegnehmen des »hart verdienten« höheren Einkommens – für das man zumeist doch irgendetwas wirklich leistet – affektiv noch verstehen kann, lässt sich gegen die Besteuerung von ererbtem Vermögen weniger einwenden. Insbesondere weist van Dyk darauf hin, dass viele dieser Vermögen (wie z. B. in den Bereichen Pharma, Militär, Technologie, etc.) nur aufgrund von massiver öffentlicher Förderung aufgebaut werden konnten. Anstatt von Enteignung zu sprechen, empfiehlt sie eher eine »Rückholung« von kollektiv erwirtschaftetem Kapital.

Sozialdemokratie und Gewerkschaften hat) – und in eine andere Seite, die eher dem Geist demokratischer Selbstermächtigung in sozialen Bewegungen entspringt. Im Rahmen des von uns vorgeschlagenen Modells einer zunehmenden öffentlichen Unterstützung und Subventionierung von sozialen Bewegungen und Protestarbeit könnten die heute noch sehr stark erscheinenden Unterschiede zwischen beiden vielleicht irgendwann verschwimmen und zu einer in Kapitel 12 skizzierten weiteren Pluralisierung der Lebenswelten führen – also einer Bolo'boloisierung der Politik. So lässt sich die Versöhnung von »alten Linken« und »neuen Linken«, die wohl die einzig realistische Machtoption des fortschrittlichen Lagers ist, institutionell abbilden. Aus internen Grabenkämpfen befreit man sich mit einem flexiblen und pragmatischen Rahmen zur Errichtung historischer Visionen radikaler Reformen, die revolutionäre Dynamiken fördern.

Aus diesem Grund erscheint uns die pauschale Verwerfung von eher etatistischen Radikalreformen, wie etwa dem Green New Deal, wie bei Peter Gelderloos (Gelderloos 2024) und vielen anderen anarchistischen und radikaldemokratischen Ökopuristen eher als eine politische Sackgasse. Da dieser und andere Deals noch nirgendwo konkrete Form angenommen haben, lässt sich jetzt noch um seinen konkreten Inhalt kämpfen und eben auch – um bei unserem Kernbeispiel zu bleiben – die Förderwürdigkeit von ZADs und anderen autonomen Strukturen erstreiten, die das System von innen her durchlöchern können. Dies mag anderen Inhalten des Reformpakets widersprechen, das so erreicht werden kann. Doch entscheidend ist, dass man gewisse Stellschrauben für die Förderung echter Alternativen real erstritten hat, die ein erster Schritt auf dem Weg zu einer besseren Geschichtsvision sein können.

Die Sorgearbeit an gemeinsamen Werten und Gütern und für die Reproduktion des Lebens könnte so in unserem

Gedankenmodell von der Position eines relativ marginalisierten Außen mehr und mehr in die Mitte der Gesellschaft rücken und immer mehr an demokratischer Legitimität gewinnen. Selbstermächtigte, anarchistische Modelle wie die ZAD oder Kommunen wie Longo Maï wären dann Avantgarden eines Prozesses, der immer mehr auch auf den demokratischen Mainstream einwirkt. Der massive Ausbau diverser öffentlicher Infrastrukturen, der eine tragende Säule eines zukünftigen, wirklich nachhaltigen Green New Deal wäre, ist hierfür ein guter Ansatzpunkt. Geht es hier doch um Formen der Vergesellschaftung der Arbeit, also von Tätigkeiten jenseits des strikten Regimes der Lohnarbeitsgesellschaft. Unter der Bedingung, dass die demokratische Logik der Vergesellschaftung als Leitvorstellung im Blick bleibt, könnten sich die aktuell noch unvereinbar scheinenden Logiken der staatlichen Beschäftigung und die Logiken der freien, aktivistischen wie »unternehmerischen« Tätigkeiten verbinden – als Arbeit an der Pluralisierung von Lebensformen und Wertregimen. Wichtig ist, dass die demokratische Form der Vergesellschaftung und das demokratische Ziel der Aufhebung von ökologisch, sozial und psychisch schädlicher, entfremdeter Lohnarbeit Vorrang haben – weg vom etatistischen Prinzip bloßer Beschäftigung und hin zur öffentlichen Wertschätzung tatsächlich ökosozial sinnvoller Sorgearbeit, die sich sensibel an die jeweilige Lebenswelt anpasst. Die sich daraus ergebende Doppelbewegung würde im gelingenden Fall die staatlichen Rechts- und Zwangsapparate demokratisch zivilisieren und die außerstaatlichen und antikapitalistischen sozialen Bewegungen ein Stück weit in den offiziellen Institutionenapparat integrieren (und diesen von innen her reformieren). So ließe sich die Doppelstrategie einer demokratischen Umprogrammierung des Systems »von unten« einerseits mit Förderung und Duldung »von oben« andererseits etablieren.

17 »This is what democracy looks like« – Demokratie weiterentwickeln

In unseren westlichen Gesellschaften gibt es kaum einen positiver besetzten Begriff als jenen der Demokratie. Selbst offene Postfaschist*innen wagen sich heute nicht an eine ablehnende Kritik des Begriffs heran, sondern versuchen eher, ihn hinterrücks zu unterwandern. Mit dem Aufruf, »die Demokratie zu verteidigen«, kann man so viele unterschiedliche Milieus der Gesellschaft verbinden wie wohl bei kaum einem anderen Projekt. Doch lässt sich damit wohl kaum die faschistische und ökozidale Bedrohung abwenden.

Ganz deutlich sieht man das in Frankreich, wo man sich in der Stichwahl der beiden letzten Präsidentschaftswahlen nur zwischen dem neoliberalen Emmanuel Macron und der Faschistin Marine Le Pen entscheiden konnte. Und selbst wenn ein linkes Spontanbündnis bei der Parlamentswahl gewinnt, wie es dem *Nouveau Front Populaire* im Juli 2024 gelungen ist, bemühen sich alle anderen Kräfte zu verhindern, dass ein Premierminister des neuen Linksbündnisses ernannt wird.

Dieses Gefühl der Sinnlosigkeit von Wahlen ist weit verbreitet. Bei vielen Anarchist*innen führt dies immer wieder zu einer Ablehnung zumindest der repräsentativen Demokratie, weil diese als Ausgeburt des Kapitalismus identifiziert wird und als solche gänzlich abzulehnen sei, da sie das herrschende System durch unsere Stimmabgabe stütze und legitimiere – egal, wen man wählt. Wie so oft bei der linken Verteufelung von Staat, Kapitalismus und Macht erscheint diese Ansicht auf den ersten Blick plausibel, schüttet aber das Kind mit dem Bade aus.

David Graeber, der vielleicht bekannteste Anarchist der Gegenwart, der einen positiven Demokratiebegriff vertrat, wurde nicht müde darauf hinzuweisen, dass die beiden Gründungsdokumente der sogenannten westlichen Demokratie – also die Verfassungen nach der Revolution 1776 in den USA und nach der ersten französischen Revolution 1789 – keinesfalls eine Demokratie anvisierten und erstere sogar dezidiert darauf ausgerichtet war, *Demokratie zu verhindern.* Die republikanische Ordnung, die wir heute als »die Demokratie« zu verteidigen aufgerufen werden, entsprang eigentlich aus dem Kompromiss zwischen wohlhabendem Bürgertum und den bis dahin Mächtigen (also Klerus und Adel). Es ging darum, das Wahlrecht ein wenig auszuweiten, doch keinesfalls darum, alle über ihr Geschick (oder gar Eigentum) frei und deliberativ entscheiden zu lassen. Dieses Modell der repräsentativen Demokratie durch Wahlen wurde zwar im Laufe des letzten Jahrhunderts schrittweise ausgeweitet, mit der Einführung des Wahlrechts für alle Männer, dann auch für alle Frauen – und in manchen Staaten wie den USA dann sehr spät für alle Ethnien. Wie bereits gesagt, ließe (und vielfach: sollte) sich diese Ausweitungslogik auch heute weiterführen. Doch selbst dann bleibt die prinzipielle Form der »Demokratie« als repräsentatives Wahlspektakel noch erhalten. Wie David Graeber und David Weingrow argumentieren, ist es ein fast universell verbreitetes Missverständnis, Wahlen mit Demokratie gleichzusetzen (Graeber/Weingrow 2021, 367). Dass dem nicht so ist, zeigt sich auch, wenn man sich die globale Verteilung der »Demokratie« als Phänomen reicher, überentwickelter Industriestaaten ansieht, deren Freiheit oftmals auf der Ausbeutung neoliberal-autoritär regierter Staaten des globalen Südens basiert. Graeber und Weingrow schreiben, dass sich Vormodelle unserer heutigen Herrschaftsform weniger in den antiken Stadtstaaten von Athen, Syracusa oder Korinth finden lassen als in den aristokratischen Epen homerischer Zeiten viele Jahrhunderte früher, in den »aristokratische[n] Wettkämpfen der ›heroischen Zeitalter‹, wie sie in der Ilias mit ihren endlosen Agonen beschrieben werden: Rennen, Duelle, Spiele, Geschenke und Opfer« (Ibid.).

Tatsächlich sind heute die meisten Kandidat*innengesichter, die einem auf Wahlplakaten überall entgegenlächeln, kaum welche, die man aus deliberativen Prozessen gemeinsamer Entscheidungsfindung kennt. Der Politiker*innenkreis ist oftmals ähnlich hermetisch abgeschlossen wie frühere Adelsgesellschaften, und auch wenn keine Blutlinie aufzuweisen ist, ist eine Parteimitgliedschaft von jungen Jahren an zumeist förderlich.

In der bisher vorherrschenden Sicht wird die sogenannte Demokratieverdrossenheit mehrheitlich noch immer vor allem als »rechte Gefahr« betrachtet. Doch nimmt man die anarchistische Kritik ernst, kann man die Demokratieverdrossenheit besser fassen. Dann erscheint sie eher als Ausdruck eines Mangels an demokratischen Beteiligungsmöglichkeiten und lohnenswerten gesellschaftlichen Visionen, für die zu kämpfen sich lohnt. Denn deliberative Prozesse, bei denen diverse Menschen selbstermächtigt/selbstermächtigend zusammenkommen und über eine gemeinsame Lösung von Problemen beraten, sind in der gängigen Ordnung nur marginal vorhanden. Wir sind nicht die Ersten, die behaupten, dass eine Weiterentwicklung der Demokratie – besonders im Zeichen der ökologischen Krise – eine Etablierung und Stärkung solcher Prozesse braucht, um den komplexen Problemen der Gegenwart gerecht zu werden. Denn in den als Spektakeln inszenierten Wahlkämpfen werden einzelne, bitter notwendige Reformen stets populistisch gegeneinander ausgespielt und lähmen so notwendigen Fortschritt. Tatsächlich haben manche Staaten bereits deliberative, per Losentscheid zusammengestellte Versammlungen initiiert, um aus den festgefahrenen Situationen der repräsentativen Demokratie herauszufinden. Das vielleicht berühmteste Beispiel ist das

Referendum für die Abschaffung des Abtreibungsverbots in Irland 2018. An dieser Abschaffung hatten sich bereits mehrere progressive Regierungen seit den 1980er Jahren im katholischen Irland die Zähne ausgebissen. Erst die Ausrufung einer *Citizen Assembly* (»Bürger*innenversammlung«), die aus 99 zufällig ausgewählten Bürger*innen bestand, veränderte die festgefahrene Situation. Es konnte in diesem Rahmen ein so feinfühliger Reformkompromiss zur Abschaffung des Verbots entstehen, dass er schließlich per Volksabstimmung mit Zwei-Drittel-Mehrheit befürwortet und vom Parlament angenommen wurde.

Selbst in Ländern und Kommunen, die am heftigsten vom Rechtsruck betroffen sind, wie zum Beispiel in Ostdeutschland, sehen Soziologen wie Steffen Mau (2024) die Einsetzung von lokalen Bürger*innenräten als größte Chance gegen Demokratieverdrossenheit und den weiteren Erfolg der AfD. Auch in Fragen der notwendigen Maßnahmen gegen die Klimakrise greifen immer mehr Staaten auf Bürger*innenräte zurück. So zum Beispiel der österreichische Klimarat, der 2021 »100 Menschen [...], die seit mindestens fünf Jahren ihren Hauptwohnsitz in Österreich haben, mindestens 16 Jahre alt sind und den Querschnitt der Gesellschaft hinsichtlich Geschlecht, Alter, Bildungsstand und Wohnort widerspiegeln«[38] per Zufallsprinzip zusammenbrachte, um – wissenschaftlich informiert – ökologische Reformvorschläge auszuarbeiten. Da die Beteiligten die Zeit hatten, sich zu beraten, waren die ausgearbeiteten Vorschläge um einiges radikaler als viele Ausgangspositionen der Teilnehmer*innen und konnten auch breit als »demokratisch zumutbar« angesehen werden. Doch in der bestehenden Ordnung, in der der Klimarat »von oben« aus den Ministerien beschlossen worden war, wurden aus seiner Reformagenda

38 https://www.bmk.gv.at/themen/klima_umwelt/klimaschutz/nat_klimapolitik/klimarat.html [15.11.2024]

nichts anderes als Vorschläge, die von den machthabenden Politiker*innen und Medienhäusern dankend entgegengenommen – und dann ignoriert wurden. Seitdem fordert die österreichische Klimabewegung »von unten«, dass die Empfehlungen des Klimarats umgesetzt werden.

Kehren wir zurück zur ZAD. Wie wir gezeigt haben, sind die ZADs ein eindrucksvolles Beispiel des demokratischen Willens und Begehrens der Menschen, selbst unter widrigen Umständen solche Versammlungen mit deliberativen Entscheidungsprozessen zu organisieren und dadurch bessere, ökologische Lebensmöglichkeiten zu installieren. Selbst unter staatlicher Androhung von Illegalisierung und Gewalt versammeln sich zehntausende Menschen aus diversen Herkunftsmilieus in teils entlegenen Winkeln, um die bittere Notwendigkeit radikaler ökologischer Reformen selbst umzusetzen. Ein eindrucksvolles Beispiel aus Deutschland ist das nordrhein-westfälische Lützerath, der Ort des ersten Versuchs, eine ZAD im deutschsprachigen Raum zu etablieren. Im kalten und grauen Januar 2023, bei Starkregen und in riesigen Schlammfeldern kamen mehr als 30.000 Menschen zusammen, um nicht nur das staatlich schon beschlossene »Kohle-Aus« tatsächlich einzufordern, sondern auch um die kommunardische Lebensform der ca. 200 menschlichen Bewohner*innen des zur Vernichtung freigegebenen Dorfes zu verteidigen. Obwohl die Partei Die Grünen sowohl in Bundes- als auch Landesregierung vertreten war, legitimierte sie die Räumung dieses Zukunftsprojektes. In einer beeindruckend zombiehaften Rede sprach der damalige grüne Bundesminister für Wirtschaft und Umwelt Robert Habeck gar von der Räumung als von einem »Erfüllen der Ziele der Klimabewegung«[39], als deren Vertreter er sich sah.

---

39 Dieses und die folgenden Zitate stammen aus seiner Rede zur Räumung Lützeraths am 11.01.2023, nachzusehen hier: https://www.youtube.com/watch?v=_9Sz2aqP974 [08.11.2024]

Ein anderer Satz in dieser Rede macht die Mängel der staatlichen Logik und ihrer zwingend erscheinenden Beibehaltung des umweltzerstörenden Kurses besonders anschaulich. Habeck sprach von der »leergezogenen Siedlung Lützerath, wo keiner mehr wohnt«, die das »falsche Symbol« sei. Dieses Narrativ ist weit durch die Medien gegangen und war der ideologische Kern der Legitimierung der Räumung. Doch es ist mehr als unwahrscheinlich, dass dem Chef der Grünen, von denen viele Basismitglieder selbst in Lützerath waren und sich mit seinen Bewohner*innen solidarisierten, dieses Narrativ des leeren Dorfes nicht als Unwahrheit bekannt war. Habeck sagte anscheinend trotz besseren Wissens die Unwahrheit. Er hatte die Logik des Nationalstaats wohl so tief internalisiert, dass er keine menschliche Existenzweise außerhalb staatlicher Rechtsnormen überhaupt denken, geschweige denn als berechtigt anerkennen konnte. Denn in der ZAD Lützerath – ganz ähnlich wie in der von Notre-Dame-des-Landes – wohnte niemand mehr, der oder die sich gänzlich von der sogenannten demokratischen Rechtsordnung repräsentiert fühlte. Niemand, der oder die nach bestehendem Recht einen Wohn- und Bleibeanspruch durch staatlich sanktioniertes Eigentum hatte. Wie in Notre-Dame-des-Landes hat sich auch in Lützerath ein demokratischer Wille von unten erhoben, der die fossil-kapitalistische Form von repräsentativer Demokratie als unzureichend erkannte und für die Probleme der Gegenwart Lösungen entwickelte. Wie in Notre-Dame-des-Landes war der Staat unerbittlich in seinem Willen, diese Menschen mit aller Gewalt zu vertreiben. Anders als in Notre-Dame-des-Landes war die Räumung von Lützerath erfolgreich, und wo einst ein Zukunftsprojekt des ökologischen Wandels stand, klafft heute ein riesiges Loch in der Erde, in dem gigantische Maschinen den extrem klimaschädlichen Brennstoff Braunkohle abschürfen.

Aus dieser Perspektive erscheint Demokratieverdrossenheit also als Folge eines Mangels an Demokratie. Wie gezeigt, haben sogar schon manche Staaten (also: manche progressive Akteur*innen, die innerhalb der staatlichen Ordnung agieren) erkannt, dass die Klimafrage neue Formen der Entscheidungsfindung benötigt. Unserer Meinung nach geht es weniger darum, den teilweise bereits umgesetzten Klimaräten in einem nächsten Schritt ein bindendes Mandat innerhalb der bestehenden Strukturen zuzusprechen. Eine viel nachhaltigere und zukunftsweisendere Praxis wäre es, anderen sich ohnehin selbstermächtigenden Versammlungen eine demokratische Macht und legale Form innerhalb des bestehenden Machtgefüges zuzusprechen. Damit entgeht man diversen demokratiepolitischen Problemen, die entstehen, wenn zum Beispiel in »von oben« eingesetzten Bürger*innenräten die vertikale Machtverteilung strukturell erhalten bleibt.

Was wäre gewesen, wenn man den 30.000 von Lützerath statt Polizeigewalt ein demokratisches Entscheidungsmandat zugesprochen hätte? Wie viele mehr hätten teilgenommen, wenn man statt Tränengas im Schlamm eine Agora bereitgestellt hätte, um über ein als gesamtgesellschaftlich relevant erkanntes Problem zu entscheiden? Und vor allem: Wie viel mehr solcher urdemokratischen Versammlungen würden entstehen, wenn man sie nicht mehr verfolgt, sondern öffentlich fördert – was außerdem sicherlich billiger wäre als die absurden Polizeieinsätze? Vielleicht würde aus der aktuell herrschenden Demokratieverdrossenheit ein neuer Demokratiehype entstehen, der einen Wandel hervorbringen könnte, der bislang unmöglich erscheint.

Um diese neue Stufe einer ökologischen Demokratisierung umzusetzen, wäre es als erster Schritt – und entgegen der Kurzsichtigkeit des hier nur beispielhaft angeführten Robert Habeck – notwendig, anzuerkennen, dass die bestehende staatliche Ordnung der »Demokratie« nicht in Stein gemeißelt ist, sondern sich stets weiterentwickelt, weiterentwickeln kann und muss, um sich der gewaltigen Aufgabe der Klimakrise stellen zu können. Heute sind alle westlichen Staaten offiziell im Klimanotstand und haben die Klimakrise zumindest auf dem Papier als extrem dringlich anerkannt. Formell bestünde damit die Möglichkeit, derartige Reformen umzusetzen. Doch anders als bei der Coronakrise zeigt kaum ein Staat die Bereitschaft, drastische Maßnahmen umzusetzen – wahrscheinlich auch, weil die Klimakrise eine Machtdezentralisierung und Demokratisierung der Lebenswelten braucht und sich nicht in der autoritären Form der Corona-Eindämmungsmaßnahmen umsetzen lässt.

Das Modell der ZAD präfiguriert Reformhorizonte, die weit über die spezifischen Orte hinaus einen notwendig revolutionären Umbau unserer globalen Lebensverhältnisse denkbar machen. Die wahrscheinlich wichtigste Arbeit eines solchen Aktivismus von unten ist es, Alternativen sichtbar und spürbar zu machen – und das bereits innerhalb eines kapitalistischen Realismus, der sich gerade durch das Regime der Alternativlosigkeit auszeichnet und am Leben erhält. Ohne solche im offensiven Widerstand erkämpften Alternativen würde sich nicht einmal der Horizont einer demokratisch-ökologischen Weiterentwicklung andeuten. Wenn man Macht nur von oben denkt, wie es der Status quo suggeriert und es z. B. auch der österreichische Klimarat reproduziert, dann wird man leicht von einem diktatorischen Wunsch verführt: Dann sehnen sich selbst manche Ökoaktivist*innen, aus Mangel an ihnen bekannten demokratischen Alternativen, nach einer »Ökodiktatur«, um die drängenden Probleme zu bewältigen. Diese diktatorischen Fantasien konnten nur entstehen, weil bislang eine mehrheitliche Vorstellung von anderen, demokratischen Machtformen fehlt, die *inhärent ökologisch* sind. Unserer Meinung nach können Modelle wie die ZAD diese Leerstelle füllen und einen nachhaltigen und demokratischen Weg zu einer Ökologisierung der Gesellschaft anzeigen.

Wie bereits ausgeführt, muss der erste Schritt für diese Ökologisierung der Demokratie die öffentliche Anerkennung und Förderung demokratischer Prozesse von unten sein, die aus dem Bezug mit einer konkreten Umwelt konkrete Forderungen ableiten. Demokratie – so könnte man es in Abwandlung einer Wendung von Marx sagen – wird dann endlich vom Kopf auf die Füße gestellt. Demokratie wäre dann nicht mehr gleichbedeutend mit einer Regierung, die bei einer Wahl gewählt wurde, die für immer weniger Menschen eine echte Wahl ist. Stattdessen wächst Demokratie als eine gemeinsame Aushandlung von Lebensbedingungen direkt aus der Erde eines konkreten Umweltbezugs, den die sich mit diesem Ort selbstermächtigenden Wesen am besten kennen. Dieser Prozess wird – mit großer Wahrscheinlichkeit – darin resultieren, dass progressive Akteur*innen im Staat lernen, ihre bislang zentralisierte Gewalt mit Vorsicht und Besonnenheit abzugeben und gerechter und ökologischer zu verteilen. Der Zentralstaat könnte sich so langsam bolo'boloisieren und den neuen öffentlichen Ordnungen der ZADs, die überall aus dem Boden sprießen, eine rechtliche Übergangsform geben – bis der Staat und die progressiven Akteur*innen in ihm als Garanten von Demokratie vielleicht gar nicht mehr so notwendig sind wie heute und sich immer mehr in den Hintergrund zurückziehen. Dann hat sich die Demokratie in deliberativen Formen geerdet.

Epilog: Vertrauen in die Arbeit am besseren Leben

In hohen Gummistiefeln spazieren wir durch den wunderschönen Mischwald des Forêt de Rohanne in der Mitte der ZAD und wissen überall um uns von der Präsenz kleiner Salamanderbabys, die gerade das Licht der Welt erblicken. Es ist unglaublich schlammig, und auch von den Bäumen tropft es, auch wenn es ausnahmsweise einmal nicht regnet in diesem bretonischen Frühjahr. Ohne Gummistiefel wären wir auf den *Sentiers de Camille* (»Wanderwegen von Camille«) keine zehn Meter weit gekommen. Während unsere Blicke auf die nächsten Schritte durch die matschige Pfützenlandschaft fokussiert sind, immer auslotend, ob es hier nicht doch zu tief für unsere Stiefel wird, erzählt uns Isabelle Fremeaux von der Geschichte dieser Wanderwege. Der Name Camille, der im Französischen gender-neutral ist, war der übliche Aktivist*innen-Codename, den sich fast alle Besetzer*innen gaben, um die Polizei zu verwirren. Angeblich hat auch Donna Haraway den Namen für ihre utopische Biohacking-Utopie der *Camille Stories* (Haraway 2016) über Umwege hier gefunden. Wir gehen auf zukunftsträchtiger Erde, die queere Zukünfte und buntes Leben selbst auf der anderen Seite des Atlantik schillern lässt. Wie alles nachhaltig Zukünftige ist auch dieser Wanderweg von Konflikten und Unruhen begleitet worden. Wie Isa berichtet, sind die *Sentiers* von einem Kollektiv aus Bewohner*innen und Anrainer*innen gemeinsam durch die Sümpfe und Wälder der ZAD gelegt worden, mit großer Sorgsamkeit dafür, dass alle – teilweise im Konflikt miteinander stehenden – Gebiete verbunden werden und auch Besucher*innen die Schönheit der Landschaft bewundern können, die die Zadist*innen gemeinsam beschützen. Doch Kritiker*innen innerhalb der ZAD befürchteten, dass man mit einem solchen »touristischen« Angebot die falschen Leute anlockt und damit das revolutionäre Potential verwässert und zerstört.

An diesem Punkt wird die sonst eher zurückhaltende und diplomatische Isa, die wir schon oft in diesem Buch zitiert haben, emphatisch und fragt uns über das laute Schmatzen unserer Gummistiefel hinweg: Was sagt das aus über den Glauben an die eigenen politischen Ideale, wenn man schon Angst hat, dass vorbeiziehende Wanderer*innen das Projekt bedrohen? Müssen wir nicht zuerst selbst unserem Projekt vertrauen, damit diese Form von gutem Leben jemals eine Chance auf eine Ausbreitung haben kann?

Dies ist auch ein gutes Beispiel für den von uns in diesem Buch zurückgelegten Weg eines strategischen Optimismus, der sich auf teilweise utopisch oder gar naiv scheinende Brückenschläge und Spekulationen einlässt. Wenn die ZAD und die Gemeinwesen der Zukunft, die sie präfiguriert, so schwach wären, dass sie durch kleinste Öffnungen und Risiken schon untergehen, dann hätten wir auf das falsche Pferd gesetzt. Da die ZAD NDDL aber auch heute noch als Gegenstand von Hoffnung, Streit und Widerstand weit über Frankreich hinaus leuchtet, halten wir die Annahme für berechtigt, dass ein Mehr an Vertrauen und Förderung nur weiter in eine positiv utopische Richtung wirken kann.

Die hier skizzierte Politik einer Durchlöcherung des Status quo bedingt, dass wir demokratische Politik wieder an der Frage orientieren, wie wir leben wollen. Während die herrschende Ordnung sich bloß mehr um das Feintuning von bürokratischen Stellschrauben wie Steuer- und Abgabenpolitik dreht, können uns außerparlamentarische Kämpfe wie jene der ZAD zeigen, dass echte Demokratie viel mehr kann. Der radikale Wandel kann nur vonstatten gehen, wenn wir transversale und durchlässige Institutionen zur Wiedererlangung der Selbstbestimmung über unsere Lebens- und Überlebensbedingungen schaffen. Als nächsten Schritt einer bitter notwendigen Reform gilt es also, die Machtform des Staates weiter nach unten hin zu öffnen.

Wie soll dieser utopische Zustand, den wir mit radikalen Reformen befördern wollen, aussehen? Die Vielfalt der Lebensformen wird entsprechend den diversen Fähigkeiten, Begehren und Ausrichtungen immer weiter wachsen, auch da, wo sie sich im letzten Jahrhundert massiv angeglichen und homogenisiert haben (Jörg 2024a). In spezifischen Milieus und Umwelten werden die utopischen Welten jeweils ganz unterschiedlich aussehen. In Nordamerika und anderen siedlerkolonialistischen Kontexten könnten möglicherweise indigene Besetzungen oder eine Art Reaktivierung der Maroons das attraktivste Modell sein (also historische Besetzungen von Flüchtigen des kapitalistischen und imperialen Status quo, in denen ehemalige Schwarze Sklav*innen, indigene Vertriebene und weiße Arbeiter*innen gemeinsam an einem neuen Common arbeiteten). In Europa oder Asien vielleicht die Reaktivierung von Allmenden und anderen kommunardischen Lebensweisen der Vergangenheit. Andernorts ist die zu findende Form vielleicht eine Art posthumanistische Biohacker-Utopie, wie sie sich Donna Haraway und andere in den genannten *Camille Stories* vorstellen. Es gibt unüberschaubar viele Stimmen in der Kunst-, Comic-, Film- und Literaturszene, die an diesem Patchwork-Utopismus seit langem arbeiten. In diesem Buch haben wir, von ihnen inspiriert, utopisch und gleichzeitig pragmatisch die Frage verfolgt, was nötig sein könnte, um eine Übersetzung von solchen schillernden Utopien in reale politische Reformen zu schaffen. Damit die utopische Energie in die panische Welt der Gegenwart fließen und die von Frust, Angst und

Ressentiment getragenen Faschismusbewegungen wegspülen kann.

Doch selbst von linker Seite hört man hierbei gelegentlich den Einwand: »Das ist ja alles schön und gut, doch wie gehen wir sicher, dass diese neuen Freiräume nicht viel mehr von Reichsbürger*innen und anderen Rechtsradikalen besetzt werden als von uns?«

Eine legitime Frage, die unserer Meinung nach aber zu sehr am vorherrschenden Pessimismus der Alternativlosigkeit krankt und weniger eine eigentlich politische Frage als eine des Glaubens an die eigenen politischen Überzeugungen ist. Faschismus und rechtslastige, auf Ausschlüssen und Ausbeutung basierende Identitäten entstehen unserer Überzeugung nach *aufgrund* der herrschenden Machtkonfiguration der Alternativlosigkeit. Zwar halten bisher die meisten europäischen Staaten Rechtsstaatlichkeit und Minderheitenschutz vordergründig hoch, doch die letzten Jahre haben einen erschreckenden Einbruch dieser »Brandmauer gegen Rechts« deutlich werden lassen. Wenn sich die Verhältnisse nicht grundlegend in hoffnungsvollere Richtungen öffnen, wird sich diese Entwicklung in den nächsten Jahren weiter fortsetzen. Dann könnten selbst die schwachen Formen von Demokratie, die wir heute kennen, weiter erodieren oder gar abgeschafft werden.

Wir plädieren also eher für eine Öffnung des Status quo als für seine immer krampfhaftere Verteidigung. Hier wendet sich die Frage vom großen Makropolitischen ins ganz Persönliche: Glauben wir eigentlich noch daran, dass unsere Ideale von Freiheit, Solidarität, Respekt füreinander und Pluralisierung attraktiver sind als die eines primitiven Rechts des Stärkeren, das rechte Ideologien vereint?

Für eine ökologische und demokratische Politik der Zukunft braucht es unseres Erachtens also über einen eher formalen Begriff von ökologischer und sozialer Biodiversität hinaus auch eine starke Überzeugung von einem besseren Leben. Es braucht andere Formen und Orte des Zusammenlebens und Begehrens, die möglichst viele Menschen aufsuchen und wahrnehmen können, damit unsere Argumente vom besseren Leben auch verständlich und nachvollziehbar sind. Theoretische Notwendigkeiten und Modelle sind erst dann ein guter Ausgangspunkt für Massenmobilisierungen, wenn sie sich konkret erfahren lassen.

Insofern ist auch der Begriff der Präfiguration vielleicht noch einmal weiter zu fassen. Es geht dann nicht nur darum, in bestimmten radikalen und von der Mehrheitsgesellschaft abgesetzten Kommunen und Besetzungsprojekten Modelle einer möglichen lebenswerten Zukunft vorzuleben und einzuüben. Sondern es müsste auch inmitten der Metropolen, dort also wo die Mehrheitsgesellschaft lebt und arbeitet, noch viel mehr als heute mit kleinen, lokalen Elementen eines besseren Lebens experimentiert werden. Ohne den Zwang, dafür gleich ganz aussteigen und ganz von der bürgerlichen Welt in eine andere übersiedeln zu müssen – ohne den Zwang zu tragischen Entscheidungen zwischen »drinnen« und »draußen«. Überall wird es darum gehen, die verhärteten Dualitäten aufzuweichen, die zu derartigen Grundsatzentscheidungen führen. Denn weder die Reinheit des Gewissens noch das politische Engagement als solches eröffnet den Ausweg aus der Alternativlosigkeit, sondern die existenzielle Erfahrung eines anderen, eines besseren Lebens.

Danksagung

Die Utopie, die wir in diesem Buch skizziert haben, scheint jenseits der herrschenden Wertregime auf. Sie ist schwach – und dennoch überall vernehmbar, wenn man die Zeit und die Kapazität hat, in die Zwischenräume zu spüren. Für diese gemeinsame Suche war uns der transdisziplinäre Forschungszusammenhang *Stoffwechsel – Ökologien der Zusammenarbeit* (getragen von der Künstler*inneninitiative im_flieger) unerlässlich. In diesem konnten wir mit der Bildung anderer, utopischer Formen von Zusammenarbeit und Öffentlichkeit experimentieren. Durch ein geschicktes Konstrukt öffentlicher Kulturförderung durch die Stadt Wien und andere war es möglich, gemeinsam und ohne Ziel oder klares Projekt zu Orten wie Longo Maï oder der ZAD NDDL zu reisen und diese zu erforschen. Aus diesem produktiv undefinierten Lernzusammenhang entstand ohne Plan – neben viel wertvolleren, aber öfters unbestimmbar bleibenden Dingen – auch dieses Buch. In unserer langjährigen Zusammenarbeit mit *Stoffwechsel* haben uns Tobias Draeger, Jack Hauser, Claudia Heu, Lisa Hinterreithner, Sabina Holzer, Anita Kaya, Sara Lanner, Alfred Lenz, TE-R und Brigitte Wilfing in Etappen begleitet.

Für Feedback zum Text danken wir herzlich Alexander Behr, Sabina Holzer und Martin Dornberg – sowie Katharina Picandet und Timo Schröder von der Edition Nautilus für das starke Lektorat. Für Diskussionen über die ZAD und ihr utopisches Potential mit in der autonomen Zone Lebenden können wir den meisten nicht namentlich danken, da sie der Natur des Themas im Verhältnis zur herrschenden Ordnung wegen besser anonym bleiben. Wir danken allen voran also den unzähligen Aktivist*innen, Organisator*innen, Genoss*innen und Freund*innen, die Aktionen, Camps und Proteste organisieren oder mit denen wir am Feld, auf der Straße und bei der Arbeit an Lehmhütten über Politik diskutiert haben. Namentlich danken wir hier: Bettina Brosche, Sabrina Bühn, Enora Chopard, Cyril von *All Crêpes Are Beautiful*, François Le Guerroué, Elsa und Leonie Lelièvre, Mar und Namid von *Les Vraies Rouges*, Agnès Sinaï, Dennis Schep, Alexis Shotwell, Thibault und Nat von *Les Fosses Noires*, Anton Vandevoorde, Victor vom *Quartier Libre des Lentillères* und Volker Zander. Für die herzliche Beherbergung in diversen autonomen Zonen Jay Jordan, Isa Fremeaux und diversen (anonym bleibenden) Leuten in der ZAD NDDL, den (anonym bleibenden) Leuten vom *Quartier Libre des Lentillères* und von *The Foundry*, Constanze und Christiane Warta, sowie ganz vielen anderen (ebenfalls anonym bleibenden) Leuten von Longo Maï.

Literatur

Übersetzungen aller Originalquellen jeweils von Michael Hirsch und Kilian Jörg

ADAMCZAK, BINI: *Beziehungsweise Revolution. 1917, 1968 und kommende*, Berlin: Suhrkamp, 2017.

AGAMBEN, GIORGIO: *Höchste Armut. Ordensregeln und Lebensform* (Homo sacer Bd. 4.1), Frankfurt am Main: Fischer, 2012.

ANONYM/AU FIL DU TEMPS: *Considérations sur la victoire (et les conséquences) depuis la zad de Notre-Dame-des-Landes.* 2019. Auch online unter: lundi.am/considerations-sur-la-victoire-et-ses-consequences-depuis-la-zad-de-notre-dame

BARCA, STEFANIA: *Forces of Reproduction. Notes for a Counter-Hegemonic Anthropocene*, Cambridge: Cambridge University Press, 2020.

BECK, ULRICH: *Risikogesellschaft. Auf dem Weg in eine andere Moderne*, Frankfurt am Main: Suhrkamp, 1986.

BEHR, ALEXANDER: *Globale Solidarität. Wie wir die imperiale Lebensweise überwinden und die sozial-ökologische Transformation umsetzen*, München: oekom, 2022.

BEY, HAKIM: *TAZ. The Temporary Autonomous Zone, Ontological Anarchy, Poetic Terrorism*, Brooklyn, NY: Autonomedia, 2003.

BONNEUIL, CHRISTOPHE: »Comment la ZAD nous apprend à devenir terrestres«. In: Lindgaard, Jade (Hg.): *Éloge des mauvaises herbes*, S. 103–113.

BROWN, ADRIENNE MAREE: *Emergent Strategy. Shaping Change, Changing Worlds*, Chico, California: AK Press, 2017.

CrimethInc: *Réflexions à propos de la ZAD. Une autre histoire*, 2019. de.crimethinc.com/2019/04/23/reflexions-a-propos-de-la-zad-une-autre-histoire-un-regard-en-arriere-un-an-apres-les-expulsions

Damasio, Alain: »Hyphe«. In: Lindgaard, Jade (Hg.): *Éloge des mauvaises herbes*, S. 175–197.

Descola, Philippe: *Par-delà nature et culture*, Paris: Éditions Gallimard, 2015.

Descola, Philippe/Pignocchi, Alessandro: *Ethnographies des mondes à venir*, Paris: Éditions du Seuil, 2023.

Despentes, Virginie: »Pour les manants de demain«. In: Lindgaard, Jade (Hg.): *Éloge des mauvaises herbes*, S. 29–40.

Diverse Autor*innen: *On ne dissout pas un soulèvement. 40 voix pour les Soulèvements de la Terre*, Paris: Éditions du Seuil, 2023.

Dornberg, Martin: *Sorge/Care. Wirkmacht und Kontexte eines Paradigmas*, Baden-Baden: Tectum, 2023.

Durand, Cédric: »Living together«. In: *Sidecar/New Left Review*, 13.12.2023.

Dyk, Silke van: »(Ent-)Privatisierung und Kollektiveigentum. Von der Engführung der Verteilungsfrage zu einer neuen Politik des Öffentlichen«. In: *Kurswechsel 3/2022 »Strategien gegen Überreichtum«*, Wien: Beigewum, 2022.

Fisher, Mark: *Kapitalistischer Realismus ohne Alternative? Eine Flugschrift*, Hamburg: VSA, 2020.

Fremeaux, Isabelle/Jordan, Jay: *We Are »Nature« Defending Itself. Entangling Art, Activism and Autonomous Zones*, London: Pluto Press, 2021.

Gelderloos, Peter: *Tausend widerständige Territorien. Strategien für eine ökologische Revolution von unten.* Übersetzt von der bm-crew, Münster: Unrast, 2024.

Graeber, David: *Bürokratie. Die Utopie der Regeln*, München: Goldmann, 2017.

GRAEBER, DAVID: »Préface«. In: Lindgaard, Jade (Hg.): *Éloge des mauvaises herbes, 2018a*, S. 5–13.

GRAEBER, DAVID: *Bullshit Jobs. A Theory*, New York: Simon & Schuster, 2018b (dt.: *Bullshit Jobs. Vom wahren Sinn der Arbeit*. Übersetzt von Sebastian Vogel, Stuttgart: Klett-Cotta, 2020).

GRAEBER, DAVID: »From Managerial Feudalism to the Revolt of the Caring Classes«. Vortrag, gehalten am Chaos Computer Club 2019. Online auf media.ccc.de/v/36c3-11241-from_managerial_feudalism_to_the_revolt_of_the_caring_classes

GRAEBER, DAVID/WEINGROW, DAVID: *Anfänge. Eine neue Geschichte der Menschheit*, Stuttgart: Klett-Cotta, 2022.

HACHE, ÉMILIE: »Pourquoi penser, c'est d'abord lutter«. In: Schaefer, Marin (Hg.): *Un sol commun – lutter, habiter, penser*, Marseille: Éditions Wildproject 2019, S. 47–54.

HARAWAY, DONNA JEANNE: *Staying with the Trouble. Making Kin in the Chthulucene*, Durham: Duke University Press, 2016 (dt.: *Unruhig bleiben. Die Verwandtschaft der Arten im Chthuluzän*. Übersetzt von Karin Harasser, Frankfurt/New York: Campus, 2018).

HIRSCH, MICHAEL: »Symbolische Revolutionen und progressiver Etatismus. Pierre Bourdieus politisches Denken«. In: Michael Hirsch/Rüdiger Voigt (Hg.): *Symbolische Gewalt. Politik, Macht und Staat bei Pierre Bourdieu*, Baden-Baden: Nomos, 2017, S. 197–230.

HIRSCH, MICHAEL: *Richtig falsch. Es gibt ein richtiges Leben im falschen*, Hamburg: Textem, 2019.

HIRSCH, MICHAEL: *Kulturarbeit. Progressive Desillusionierung und professionelle Amateure*, Hamburg: Textem, 2022.

JÖRG, KILIAN: »Was für eine Geschichte ist das Weltenende?« In: *Dritte Natur 03*, Berlin: Matthes & Seitz, 2022a.

JÖRG, KILIAN: *Neue Vorsicht. Philosophie des Abstands im*

Zeitalter der Katastrophen, Wien: Edition Konturen, 2022b.

Jörg, Kilian: *Das Auto und die ökologische Katastrophe. Utopische Auswege aus der autodestruktiven Vernunft*, Bielefeld: Transcript, 2024a.

Jörg, Kilian: *Ecological Reasonings*, London: Bloomsbury, 2024b.

Kopecky, Arno: »It's path-breaking: British Columbia's blueprint for decolonisation«. In: The Guardian, 09.10.2024. theguardian.com/world/2024/oct/09/british-columbia-blueprint-decolonisation [11.11.2024]

Kunze, Conrad: *Deutschland als Autobahn. Eine Kulturgeschichte von Männlichkeit, Moderne und Nationalismus*, Bielefeld: Transcript, 2022.

Larousse – Dictionnaire français: »ZAD«. Online auf: larousse.fr/dictionnaires/francais/ZAD/188223 [09.10.2024]

Latour, Bruno: *Das terrestrische Manifest*, Berlin: Suhrkamp, 2018.

Latour, Bruno: »Où la ZAD donne à l'État une bonne leçon«. In: Lindgaard, Jade (Hg.): *Éloge des mauvaises herbes*, S. 93–101.

Laurens, Christophe: *Notre-Dame-des-Landes ou le métier de vivre*, Paris: Éditions Loco, 2018.

Letzte Generation Österreich: »Ende der Proteste: Letzte Generation wendet sich an die Gesellschaft«, Presseaussendung, 06.08.2024. mailchi.mp/letztegeneration/ende-der-proteste [09.10.2024]

Lindgaard, Jade (Hg.): *Éloge des mauvaises herbes. Ce que nous devons à la ZAD*, Paris: Éditions Les Liens qui libèrent, 2018.

L'Insomniaque: *Zad Partout – Zone à défendre à Notre-Dame-des-Landes. Textes et Images*, 2013.

Loick, Daniel: *Der Missbrauch des Eigentums*, Berlin: August, 2016.

Louart, Bertrand: *Réappropriation. Jalons pour sortir de l'impasse industrielle*, Saint-Michel-de-Vax: Éditions La Lenteur, 2022.

Lübbe-Wolff, Gertrud: *Demophobie. Muss man die direkte Demokratie fürchten?*, Frankfurt am Main: Klostermann, 2023.

Luterre, Martin: »ZAD«. In: Div.: *On ne dissout pas un soulèvement. 40 voix pour les Soulevements de la Terre*, Paris: Éditions du Seuil, 2023, S. 173–177.

Machado de Oliveira, Vanessa: *Hospicing Modernity. Facing Humanity's Wrongs and the Implications for Social Activism*, Berkeley: North Atlantic Books, 2021.

Malm, Andreas: *How to Blow Up a Pipeline. Learning to Fight in A World on Fire*, London: Verso, 2020.

Mann, Charles C.: *Kolumbus' Erbe – Wie Menschen, Tiere, Pflanzen die Ozeane überquerten und die Welt von heute schufen*, Reinbek bei Hamburg: Rowohlt, 2013.

Mau, Steffen: *Ungleich vereint. Warum der Osten anders bleibt*, Berlin: Suhrkamp, 2024.

Maus, Ingeborg: *Zur Aufklärung der Demokratietheorie. Rechts- und demokratietheoretische Überlegungen im Anschluss an Kant*, Frankfurt am Main: Suhrkamp, 1992

Negri, Toni: *Le Pouvoir constituant. Essai sur les alternatives de la modernité*, Paris: Presses Universitaires de France, 1997 (dt.: *Konstituierende Macht. Eine Gegengeschichte der Moderne.* Übersetzt von Thomas Atzert, Wien: Mandelbaum, angekündigt für 2025).

Negri, Toni/Haardt, Michael: *Empire. Die neue Weltordnung*, Frankfurt/New York: Campus, 2002.

P.M.: *bolo'bolo*, Berlin: Hirnkost, 2023 (Erstausgabe Zürich: Paranoia City, 1983).

Probst, Milo: *Für einen Umweltschutz der 99%. Eine historische Spurensuche*, Hamburg: Edition Nautilus, 2021.

Redecker, Eva von: *Revolution für das Leben. Philosophie*

der neuen Protestformen, Frankfurt am Main: Fischer, 2020.

Redecker, Eva von: *Bleibefreiheit*, Frankfurt am Main: Fischer, 2023.

Ross, Kristin: *Luxus für alle. Die politische Gedankenwelt der Kommune*, Berlin: Matthes & Seitz, 2021.

Sauer, Ulrike: »Aufstand in der Geisterfabrik. Der britische Autozulieferer GKN hat sein Werk in Florenz 2021 über Nacht geschlossen. Bis heute kämpfen Arbeiter dort um ihre Zukunft«. In: *Süddeutsche Zeitung*, 18.10.2024. sueddeutsche.de/wirtschaft/italien-autoindustrie-zulieferer-fabrikschliessung-stellantis-klimaschutz-streik-lux.75e516hPZdUhqs2wsT8qTA?reduced=true

Schäfer, Armin/Zürn, Michael: *Die demokratische Regression. Die politischen Ursachen des autoritären Populismus*, Berlin: Suhrkamp, 2021.

Servigne, Paolo: »Des mauvaises herbes ... qui annoncent les forêts de demain«. In: Lindgaard, Jade (Hg.): *Éloge des mauvaises herbes*, S. 137–143.

Shotwell, Alexis: *Against Purity. Living ethically in compromised times*, Minneapolis: University of Minnesota Press, 2016.

Sinaï, Agnès/Cochet, Yves/Thévard, Benoît: *Le Grand Paris après l'effondrement. Pistes pour une Ile-de-France bioregional*, Marseille: Éditions Wildproject, 2020.

Sörensen, Paul: *Präfigurative Politik. Eine Einführung*, Wien: Mandelbaum, 2023.

Stengers, Isabelle: *Au temps des catastrophes. Résister à la barbarie qui vient*, Paris: Éditions La Découverte, 2013.

Taylor, Astra: *The Age of Insecurity. Coming Together as Things Fall Apart*, Toronto: House of Anansi Press, 2023.

Vanuxem, Sarah: *La propriété de la terre*, Marseille: Éditions Wildproject, 2018.

ZAD Notre-Dame-des-Landes (YouTube-Kanal): *Sacred Mud.* 19.01.2023. youtube.com/watch?v=GGqjZtaSNd8 [09.10.2024]

Inhalt